一流中学
高校受験

早稲田アカデミー

冬期講習会

小1 ～ **中3**

受付中!

WINTER WIN!! 2013

熱くなれ!
本気の冬

早稲田アカデミーイメージキャラクター　伊藤萌々香(フェアリーズ)

WINTERWIN!! 2013 3大特典キャンペーン

特典1 お問い合わせ者全員に!
クリアフォルダ プレゼント

12/29までにお問い合わせ頂いた方全員に「クリアフォルダ(2枚組)」をプレゼント致します。

特典2 入塾手続き者全員に!
ペンケースセット プレゼント

12/29までに入塾手続きをされた方全員に「ペンケースセット」(青またはピンク)をプレゼント致します。

特典3 入塾手続き者全員に!
入塾金を 10,500円減額! 減額

通常入塾金が21,000円のコース ▶ **10,500円**に!

通常入塾金が10,500円のコース ▶ **無料**に!

12/29までに入塾手続きをされた方を対象に入塾金を10,500円減額致します。

●お申し込み・お問い合せは　パソコン・携帯で 早稲田アカデミー 検索　お電話で 本部教務部

志望校別対策なら早稲アカ

中3 必勝コース

冬からの合格を可能にする
必勝プログラム

必勝5科コース	筑駒クラス、開成クラス、国立クラス
必勝3科コース	選抜クラス、早慶クラス、難関クラス

資格審査試験受付中

■資格審査試験は随時実施します。
■途中参加の方へのフォローも万全です。

お問い合わせください。詳しい資料をお送り致します。

実施要項	日程	
	12月1日・8日・15日・22日 1月12日・13日(月・祝)・19日・26日	毎週日曜日

中3 土曜集中特訓

難関高合格のための土曜特訓コース

開講クラス
■開成国立の数学 ■開成国立の英語 ■開成国立の国語
■開成国立の理社 ■慶女の英語 ■慶女の国語 ■早慶の数学
■早慶の英語 ■早慶の国語 ■難関の数学 ■難関の英語

苦手科目の克服が開成高・慶應女子高・
早慶附属高合格への近道です。

【時間】開成国立・慶女▶午前9:00～12:00、午後12:45～15:45
早慶・難関▶午前のみ9:00～12:00
【費用】入塾金　10,500円（基本コース生・必勝コース生は不要）
授業料　午前か午後の1講座　9,000円／月、
午前と午後の2講座　15,000円／月
早慶・難関…1講座のみ　9,000円／月
（11月～1月）※料金は全て税込みです。
ご参加頂くには入会資格が必要です。
本部教務部03-5954-1731までご相談ください。

中3 志望校別正月特訓

集中特訓で第一志望校合格へ
大きく前進!!

設置クラス

必勝5科コース	筑駒クラス、開成クラス、国立クラス
必勝3科コース	選抜クラス、早慶クラス、難関クラス

※参加するためには入会資格が必要です。

12／30(月)～1／3(金) 全5日間　8：30～12：30　13：30～17：30

正月集中特訓の重点は、ズバリ実戦力の養成。各拠点校に結集し、入試予想問題演習を中心に『いかにして点を取るか』すなわち『実戦力の養成』をテーマに、連日熱気のこもった授業が展開されます。

1月実施のそっくり模試は早稲アカだけ！

このイベント自体は無料ですが、早稲田アカデミーの塾生(ExiV個別ゼミコース含)と、
日曜日の必勝コースまたは土曜集中特訓を12月の段階で受講されている方が対象となります。

開成シミュレーションテスト
1/1(祝)・13(祝)　会場　ExiV渋谷校・ExiV西日暮里校　ExiV御茶ノ水校・立川校　武蔵小杉校

慶應女子トライアスロン
1/13(祝)　会場　池袋本社5号館多目的ホール

早慶シミュレーションテスト
1/13(祝)　会場　必勝３科コース実施会場（ExiV渋谷校 ExiV西日暮里校除く）

国立シミュレーションテスト
2/2(日)　会場　ExiV西日暮里校（予定）

中3男女対象

帰国生 地方生に朗報！

早稲田アカデミーの志望校別コースの
トップ講師が授業を担当します。

ネット・携帯で簡単申込み!!

無料

慶應義塾湘南藤沢高等部対策授業

12/25(水)
【時　間】10：00～17：00
【会　場】早稲田アカデミー
池袋本社５号館
【対　象】慶應湘南藤沢高受験予定者(受験資格がある方が対象となります)
※早稲田アカデミーに通っている方が対象です。
【お申込み】早稲田アカデミー 本部教務部03(5954)1731またはホームページまで。

詳しくはホームページをご覧ください。

一流中学 高校受験

早稲田アカデミー

お申し込み、お問い合わせは

東京大学ってこんなところ

東大のいろは

日本の教育・研究機関の頂点と言われ、その名を知らない人はいない日本一の大学と言えば？　そう、東京大学だね。今回は、だれもが憧れる東大をクローズ・アップ！　東大ならではのさまざまな用語集や東大生へのインタビューを読んで、君も東大に詳しくなろう！

赤門

安田講堂

三四郎池

東大あれこれ

あいうえお順に、東大にまつわるキーワードをご紹介します!

あ

赤門

東大のシンボルで、国の重要文化財。旧加賀藩主前田家上屋敷の御守殿門であり、全体が色鮮やかな朱色に塗られている。

赤門

い

イチョウ

大学のシンボルマークにも使われているイチョウ。本郷キャンパスの東大正門から安田講堂までのイチョウ並木が有名で、紅葉の季節は黄金色に輝くイチョウを見に多くの人が訪れる。

う

内田祥三《よしかず》（1885－1972）

東大の総長も務めた建築家。本郷キャンパスの安田講堂をはじめ、東大キャンパス内の建造物も多く手がけた人物。

え

エコ

東大は、省エネや環境保護の取り組みに積極的だ。例えば、駒場キャンパスにはエアドルフィンという風力発電装置があり、校舎の電力の一部として使われている。そのほかにも、雨水をトイレの排水に利用したり、不要な書類からトイレットペーパーを作ったりとエコな大学だ。

東大のリサイクルトイレットペーパー

お

オリエンテーション合宿

新入生を対象にクラス（か行参照）の親睦を深めることを目的に行われる合宿（通称オリ合宿）。授業が始まる前に実施され、2年生が案内役として参加する。

か

学部

東大には法学部・医学部・工学部・文学部・理学部・農学部・経済学部・教養学部・教育学部・薬学部の10学部がある。入試時に6つの科類に分かれるが、1・2年の前期課程では全員が教養学部で学び、学部に分かれるのは3年生からとなる。

学園祭

東大の学園祭は年に2回。五月祭（本郷キャンパス）と駒場祭（駒場キャンパス）と名付けられている。

科類

1・2年の教養学部では文科一類・文科二類・文科三類・理科一類・理科二類・理科三類の6つの類に分かれる。入試時に選択し、進学振り分け（さ行参照）で学部・学科が決定するまでの約1年半所属する。

き

キャンパス

本郷、駒場キャンパスが主となるが、ほかに浅野、弥生、中野、柏、白金キャンパスがある。その他、博物館・植物園や演習林、研究施設や観測所など東大関連施設は数多く、全国に分布している。

く

クラス

東大にはクラスがあり、入学時の科類と履修した外国語の種類によって決められる。オリ合宿（あ行参照）に行くのもこのクラスだ。

こ

駒場キャンパス

1・2年生全員が通うのが駒場キャンパス。京王線「駒場東大前駅」の目の前、徒歩0分の駅近キャンパスだ。若い学生が多いせいか、3年生以上の通う本郷キャンパスよりも若々しい雰囲気があるという。イチョウ並木もあるよ。

緑いっぱいの駒場キャンパス

コミュニケーションセンター

本郷キャンパス内にある東大コミュニケーションセンターでは、研究成果を活用した商品や、東大オリジナルグッズの販売を行っている。サプリメントや化粧品から文房具まで、いろいろな商品があって楽しい。東大見学の際には、ここでおみやげを買うのもいいね。

東大コミュニケーションセンター

さ

三四郎池

本郷キャンパスの中央部に位置する池。正式名称は「育徳園心字池」。夏目漱石の小説「三四郎」の舞台になったことからこの愛称で呼ばれている。生い茂る木々に囲まれた癒しスポットとして東大生はもちろん、観光客や近所の方々にも人気だ。

三四郎池

し

進学振り分け

通称進振り。東大生は3年から専門の学部・学科に分かれていくが、どの学部・学科へ進むかを決める制度が進振りだ。2年の夏学期までの成績と本人の希望をもとに決められる。科類ごとに進学しやすい学部が異なるが、各学部・学科には定員があるため、行きたい学部・学科がある学生は入学後も努力を怠らず勉強する必要がある。

せ

前期課程・後期課程

1・2年次の教養学部での2年間を前期課程。3年次以降を後期課程と呼ぶ。

生徒数

生徒数は1万4013名、そのうち女子学生は2584名（2013年5月現在　大学院生は除く）。

た　大学病院

本郷キャンパスの奥には東京大学医学部附属病院がある。通称東大病院。有名な病院で、受診は原則予約制となっている。

東京大学医学部附属病院

つ　ツアー

現役大学生ガイドによる東大キャンパスツアーが人気だ。毎週土曜日と日曜日（年末年始・入試日などを除く）に開催され、赤門や安田講堂、三四郎池など本郷キャンパスの見どころを1時間半かけて案内してくれる。東大に興味のある人ならだれでも無料で参加できるから、中学生でも大丈夫。事前予約が必要なので早めに申し込みをしよう。

て　テスト対策

東大生はテスト対策もすごい。なんと、クラスごとに「シケ対」と呼ばれる試験対策委員会が作られ、委員はそれぞれ担当の科目を持ち、「シケプリ」という試験対策プリントをつくってクラスメイトに配付する。そして、彼らを統率するのが試験対策委員長の「シケ長」というわけだ。

と　胴上げ

東大入試合格発表日の名物といえば、合格者の胴上げだ。本郷キャンパスの掲示板前は多くの人だかりができ、そこかしこで合格を祝って胴上げが行われる。大学全体で合格を祝っているような光景は、寒さも吹き飛ぶ東大の風物詩だ。

発表日の胴上げの様子

東大ナビ

東大では講演会やシンポジウム、体験講座、キャンパスの一般公開などさまざまなイベントが行われている。こうしたイベント情報を知るには、東大が運営している「東大ナビ」というサイトがおすすめだ。キャンパス紹介や東大生インタビューといったコーナーもあって楽しい。

〈東大ナビ http://www.todainavi.jp/〉

な　夏学期・冬学期

2期制の前期・後期のこと。東大では夏学期・冬学期という呼び方が浸透している。

に　日本初の大学

1877年（明治10年）に日本で最初の大学として創立された国立大学、それが東大だ。

ね　ネットで講義視聴

インターネットを使って、東大の講義や、東大で実施された公開講座、イベントでの講演などを無料で視聴することができるホームページがいくつかある。学びたいすべての人を応援する東大の姿勢が表れている。

ネット講義が見られるサイト
〈Todai OCW　http://ocw.u-tokyo.ac.jp/〉
〈TODAI TV　http://todai.tv/〉
〈Coursera東京大学Webサイト https://www.coursera.org/todai〉

の　ノーベル賞

東大出身のノーベル賞受賞者は7人で、日本で一番多い。江崎玲於奈・小柴昌俊・南部陽一郎（物理学賞）、根岸英一（化学賞）、大江健三郎・川端康成（文学賞）、佐藤栄作（平和賞）。

は　博物館

東大の施設には、一般公開されている博物館や資料館、植物園などがいくつかある。なかでも話題を集めているのが、今年3月、東京駅前にオープンしたJPタワー内にある「インターメディアテク」。日本郵便と東大総合研究博物館の協働プロジェクトで、重厚な博物館の雰囲気を活かした展示が魅力だ。

ふ　附属中高

東大には東京大学教育学部附属中等教育学校という附属中高がある。附属といっても東大へ進めるわけではなく、ほかの受験生と同じように入試を受けなければならない。

ほ　本郷キャンパス

3年生以降の学生が通うのが本郷キャンパス。赤門や安田講堂など東大を象徴する建物もあり、広大な敷地のなかに歴史を感じる建造物が並ぶ様はまさに「東大」。イチョウ並木や三四郎池など自然も多い。

ま　マンホール

本郷キャンパスを訪れたときは、足もとのマンホールも見てみよう。東大にしかない変わった柄のマンホールがある。

珍しい東大のマンホール

や　安田講堂

赤門と並ぶ東大のもう1つのシンボル。正式名称は「東京大学大講堂」だが、故・安田善次郎氏の寄付をもとに建造されたことから安田講堂と呼ばれている。1925（大正14）年竣工の歴史ある建物で、現在では、卒業式・学位記授与式がここで行われている。

重厚な雰囲気の安田講堂

ら　ライトブルー

東大のスクールカラーはライトブルー。シンボルマークのイチョウも1枚はライトブルーだ。

れ　レストラン

東大には、学食やカフェテリアではなく、本格的なレストランも多い。例えば、駒場キャンパスには「ファカルティクラブ 橄欖」「ルヴェソンヴェール駒場」というフランス料理のレストランがある。

ルヴェソンヴェール駒場

ろ　ローソン

飲食店だけではなく、広い本郷キャンパス内には、コンビニ（ローソン）もある。

工学部計数工学科3年
富井潤さん

東大生が語る
「東大のいろは」

**ここでは、現役の東大生に
東大ならではの用語やエピソードを語ってもらった。**

やっぱり特徴的な「進振り」

ほかの大学と違う特徴的なところはやっぱり「進振り」です。

1年生の夏・冬と、2年生の夏学期の成績で3年生から進む学部や学科が決まります。だから、人気の学部や学科に入るなら、入学してもあまり気を抜かずに勉強をしておいたほうがいいですね。

ちなみに、同じクラスのなかに、駒場キャンパスの2年間、すべての成績が「優」だった人がいました。東大に入ってきているので、勉強はみんなできると思うのですが、なんというか、とんでもなくできるという感じでした。

希望を出す際に第1段階と第2段階があって、まず第1段階で1つ出します。そこでもしダメだったら第2段階で次の希望を出します。周りの人はだいたい第1段階で決まっていたと思います。

でも第1段階でダメでも、進級できるなら最終的にはどこかには入れます。

志望者が定員に満たない学科もあって、その場合、その学科は「底割れ」していると言います。

東大には「クラス」がある

東大には、語学の選択で30人弱ずつに分かれる「クラス」があります。そのクラスで入学してすぐの4月にオリエンテーション合宿に行きます。通称「オリ合宿」です。1年生はほとんどの人が参加します。行き先も日程も内容もクラスによるのですが、その合宿を仕切るのは2年生です。

このクラスは毎年クラスごとにナンバリングされていて、同じナンバーの上級生クラスがあるんです。2年生は「上クラ」、1年生は「下クラ」です。

それで、その上クラの「オリ長」（オリエンテーション委員長）を中心に合宿の内容を決めていきます。この合宿は、普通はどこかに泊りがけで行って、ご飯を食べて、ゲームをしたり、話をしたりという感じになると思うのですが、そのなかで大切なことがあって、それがクラスの係を決めることです。

年間を通した係には「パ長」（コンパ長）、「シケ長」（試験対策委員長）、「ウェブ長」がいます。

パ長はクラスのみんなで試験のあとの打ち上げや、定期的に集まってご飯を食べたりする際の幹事をする人です。

シケ長は試験対策委員長の名の通り、期末試験のための試験対策委員をまとめます。

ウェブ長は、クラスごとのメーリングリストの作成や、クラスによってはホームページを作ったりもするので、そのページ作成や管理をする人です。

東大の1・2年は、だいたい履修する授業が同じになります。必修と、準必修の授業があり、ほかに選択が少しという感じ。だから、必修と準必修までの各科目で「シケ対」（試験対策委員）が決まって、そこからシケ対がその科目の各授業をだれが担当するか割り振ります。

割り振られたらなにをするのかというと、過去問の答えや、授業のノートを作ったりするんです。そして、できた資料をぼくのクラスではWeb上のクラウドサービスを使って共有できるようにしていました。だから、試験前に図書館に行って

三四郎池（写真）など、ご近所のみなさんや観光客が訪れる場所が多いのも本郷キャンパスの特徴

資料を集めたりする必要もなかったですね。

東大生がよく行く食事処

外にご飯を食べに行くなら、駒場キャンパスではおいしい定食を手ごろな値段で食べることができる「OAKS」「苗場」「キッチン南海」です。

本郷キャンパスだったら、ここは駒場とは違って食べるところが結構たくさんあるのですが、「信濃屋」というとんかつ屋さんがおいしいです。ラーメン屋も多くて、「山手らーめん」や「用心棒」などでしょうか。

とくに「山手らーめん」は、東大の学内ベンチャーでミドリムシを食料にしようとしている「ユーグレナ」とコラボレーションした「みどりラーメン」で有名です。

どんなラーメンかというと、スープが緑なんです（笑）。でも味は悪くないですよ。

買い物をするときは、駒場の近くなら渋谷、本郷なら上野か新宿。どちらのキャンパスも食べるところ以外はあまりないんですよね。

気軽に入れる本郷キャンパス

環境面では、駒場キャンパスも本郷キャンパスも、広いし自然が豊かということでしょうか。とくに本郷は静かなので落ち着いた雰囲気があります。

学生じゃない方も散歩によく来ているので、いろいろなところに「なにしてるんだろう」っていうおじさん、おばさんがいます（笑）。

ときにムリヤリさせられたりもしますが、やはり東大は勉強したいと思ったらいくらでもできるところだなと思います。

番外編

本誌連載「トウダイデイズ」でおなじみの平《ひら》さん

（現在2年生（進振りが終わり、来年から工学部物理工学科に進む予定））

駒場キャンパスの恐ろしい言い伝え

ぼくは2年生なので、駒場キャンパスでの生活が中心です。一番よく行く場所は生協食堂です。お昼は基本的にそこで食べます。次に行くのは生協の書籍部ですね。一般の書店よりも学術的な本が多いので、ぼくにとっては立ち読みだけでも楽しい場所です。

この駒場キャンパスには、キャンパスの特徴でもあるイチョウに関する恐ろしい言い伝えがあります。1年生のイチョウが散る時期までに彼女ができなかった男子学生は、在学中彼女ができないというものです。でも、それをはねのけた友だちもいるので、真偽は定かではないですが…。

案外普通で、普通じゃない

東大に入学して思ったのは、案外普通の人が多いなということです。でも、その一方で1つの学期に10カ国以上の外国語の授業を履修していた友だちもいたりして、突き抜け具合はすごいな、とも感じますね。

授業でも、ぼくは受講していませんが、法学部の授業は全体的にすごいという噂を聞きます。授業が延長に次ぐ延長で、いつ終わるかわからない、なんていうこともあるそうです。

あと、駒場キャンパスにある900番講堂には巨大なパイプオルガンがあって、その演奏会がたびたび開かれています。学生が参加するというよりは、一般の方が多いのですが。

まっすぐ続くイチョウ並木

トウダイデイズ

現役東大生が東大での日々と受験に役立つ勉強のコツをお伝えします。

Vol.009

東大生おすすめ暗記法 コツは「関連づけ」と「繰り返し」

text by 平（ひら）

専門課程が始まった冬学期は講義が多く、２月末に控えている試験を考えると、いまから憂鬱な気分になってしまいます。

理系の場合、大学の試験は中高に比べて暗記するべき分量が減ります。もちろん基礎知識は覚えなくてはなりませんが、それよりも講義で習った考え方を実際に使いこなせるかどうかを見る試験に変わります。中高までに多かった暗記力がモノを言う試験は準備が大変でしたが、大学で行われる考える力を試す試験は試験中が大変です。どちらも負担はありますが、私は大学の試験の方がより疲れてしまいます。

将来的には考えることを主眼に置いた試験がメインになるでしょうが、いまみなさんが突破しなければならない試験は暗記が大切ですし、分量も多いでしょう。この時期になるとすでに自分の暗記法を確立している人もいるかもしれませんが、これからの勉強の参考になればと思い、私流の暗記法をご紹介します。

暗記の基本は「関連づけ」と「繰り返し」です。記憶は相互に関連しており、情報が多ければ多いほど思い出しやすくなります。例えば、歴史では「何年に○○の乱」とだけ覚えるのではなく、その原因となった人物や国の関係などを合わせておさえると、その出来事を忘れにくくなります。また、英単語を覚える際には用法の例文もいっしょに読んでおくと、その例文から意味が思い出せることもあります。

そして、暗記は繰り返すことも大切です。とくに英単語など法則性が少ないものを暗記する際は、繰り返し声に出すと効果が高いように思います。発音のリズムごと覚えてしまうと、あいまいな記憶でもなんとなく思い出せることもあります。繰り返す際には、覚えるという意思を強く持つことがポイントです。

また、覚えにくい年号は頑張って語呂合わせを考えてみるのもいいかもしれません。そのほか、マンガ『日本の歴史』で、人物の顔を確認しながら勉強するのもおすすめです。

さて、11月の23日・24日には「五月祭」と並ぶ東大の２大祭り「駒場祭」が駒場キャンパスで行われます。五月祭よりも、学部が行う展示が少なく、まさに「お祭り」という雰囲気です。季節柄たこ焼きやおしるこ、焼き鳥などの温かい食べ物のお店がずらりと並んだり、外国語を履修したクラスは各国の簡単な料理を出したりします。残念ながら作っているのは学生ですので味の保証はできませんが、サークルなどの出し物を見ながら食べ歩きするのは楽しいですよ。

また、合気道部の神輿《みこし》、水泳部の河童踊り、少林寺拳法部のだるま担ぎというイベントが恒例となっており、来客でいっぱいのキャンパスをぐるぐると練り歩き、駒場祭を盛りあげます。

そんな駒場祭の唯一の欠点ともいえるのが、人出が多すぎてキャンパス内の通路がほぼ埋め尽くされてしまい、通行が不便になってしまうことです。それが祭りらしさを出しているとも言えますが、人口密度が相当高くなりますので、人の多さを覚悟しつつ、みなさん、ぜひ「駒場祭」に遊びにきてください。

▶▶ 東大の２大祭りの１つ「駒場祭」

勉強の合間に

「ゆる体操」でリラックス

毎日勉強を頑張っていると身体が固くなりませんか。そんなときにおすすめなのが、運動科学総合研究所所長の高岡英夫さんが考案した「ゆる体操」です。「椅子ゆる」、「寝ゆる」、「立ちゆる」など、さまざまなタイプの体操が100種類以上もあり、その特徴は動きに合った擬態語をつぶやくことです。つぶやくことで自然な呼吸ができ、それぞれの体操の動きをイメージしやすくなります。回数や時間は決まっていません。勉強の合間のリラックスにぜひ試してみてください。

※ゆる体操の指導はNPO法人日本ゆる協会の公認資格をとってから行うようにしてください。

今回「ゆる体操」を指導してくださった
NPO法人日本ゆる協会
ゆる体操専門指導員　**下瀬《しもせ》 仁史《ひとし》さん**

ゆる体操の定番！ラクにストレス解消できる！

背もたれ首モゾモゾ体操

後頭部と首の境目に「ぼんのくぼ」、というへこんだ部分があるので、そこをイスの背もたれにあてます。背もたれの素材が固い場合は、タオルを敷くなどして気持ちのいい固さに調整してください。

そして、「モゾモゾ」と言いながら、背もたれにぼんのくぼをこすりつけます。あまり激しく動かさないように注意しましょう。

POINT

ぼんのくぼが痛いのは脳が疲労している証拠です。脳の疲労を回復することで、さらに勉強がはかどることでしょう。

ふくらはぎをほぐして全身の血行をよくする！

ひざコゾコゾ体操

左脚のふくらはぎを右脚のひざに乗せます。手を軽く組み、左のひざの上に軽く添えて脚を支えてあげましょう。

次に、「コゾコゾ」と言いながら乗せた方の脚を上下に動かします。

自分が好きなだけコゾコゾしたら、反対の脚も同じように行います。

POINT

ふくらはぎは第2の心臓とよばれるくらい重要な部分で、そこをときほぐすことで全身の血行がよくなります。寒くなるこの時期、冷え性の方にもおすすめの体操です。寝た状態で行うとふくらはぎに自然な重みがかかるので、さらに楽に効果的に行えます。

腕やひじが疲れてきたらこれ！

手首プラプラ体操

❶ 右手で、左手の手首から手全体をさすります。「気持ちよく」と言いながらさすり、身体も少しくねらせてみましょう。同じように左手で右手もさすります。

❷ だらんと腕を垂らします。肩の力を抜いて手をプラプラさせます。このときも「プラプラ」と言いながら行いましょう。自然と腕全体が揺れて、肩やひじもほぐれてきます。

POINT

手をさするだけでも気持ちはリラックスします。副交感神経が優位になることで血行がよくなり、疲れが取れやすくなるので、寝る前に行うのもおすすめです。

腰のハリ解消&姿勢もよくなる！

腰モゾモゾ体操

まず、肩の力を抜きながら軽くイスにこしかけます。次に、「モゾモゾ」と言いながら腰をときほぐしていくイメージで、腰を左右にモゾモゾと動かしましょう。激しく動くのではなく、あくまでモゾモゾという擬態語が似合うような動きを行いましょう。

POINT

この体操は寝て行うこともできます。その場合は両ひざを立てて、腰を床に軽くこすりつける感じで脱力しながら行います。とくに寝つきが悪い、睡眠不足という方におすすめですので、寝る前に布団のうえで試してみてください。

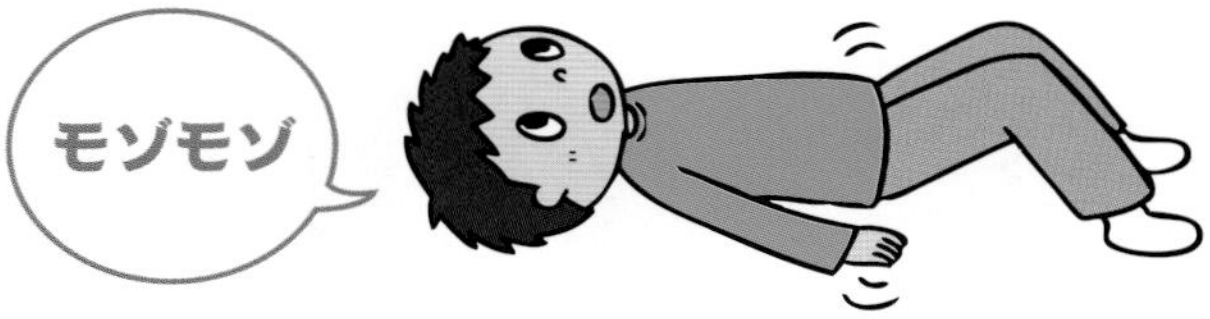

肩こり解消にぴったり！

肩ユッタリ回し体操

❶ 左肩を少し下げながら、右の手の平で優しくさすります。「気持ちよく」と言いながら行うことを忘れないでください。同じように反対側も行います。

❷ 次に肩を回していきます。「ユッタリ」と言いながら円を描くように、前から上を通って後ろに回し、下にすとんと落とします。これを繰り返すことで肩周りの筋肉がほぐれます。逆に後ろから前に回してしまうと肩が凝ってしまうので注意しましょう。

POINT

肩周りが凝り固まると、血流も滞り呼吸も浅くなってしまいます。この体操で筋肉をほぐしてあげましょう。

胸と背中の凝りが簡単にほぐれる！

胸フワ背フワ体操

POINT
ふわっとやわらかく行うのがポイントなので、全身の力は抜いてくださいね。

❶ まず胸のあたりを両手でさすります。このとき「気持ちよく」とつぶやきながらさすってください。

❷ 次に「フワー」と言いながら後ろから肩がひっぱられるような形で胸をひらきます。背中に力が入らないよう注意してください。

❸ 胸をひらいたら❷と同じく「フワー」と言いながら背中をひらいていきます。胸に力は入れないよう気をつけてください。この❷と❸を何回か繰り返します。

❹ 仕上げに「モゾモゾ」と言いながら胸から背中にかけて動かし、ときほぐしていきます。

手軽に身体と頭をすっきりさせる！

足ネバネバ歩き

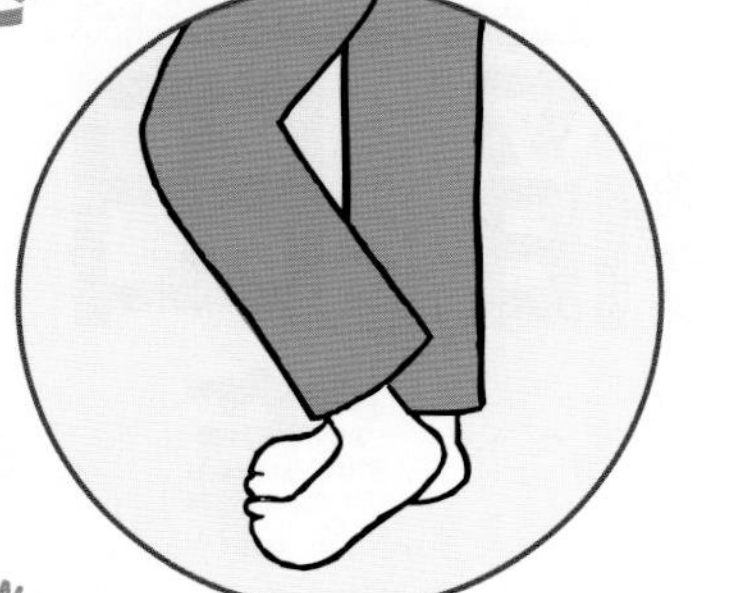

POINT
これは短い時間でも結構いい運動になるので、運動不足解消にもおすすめです。机の横で問題を考えながら「ネバネバ」と歩くのもいいですね。

まずその場で足踏みをします。何回かその場歩きを繰り返したら、つまさきがボンドで床にくっついてしまったかのように、かかとだけを動かしていきます。このとき「ネバネバ」と口に出しながらやってください。

このネバネバ歩きを何回か繰り返したあと、もう１度その場歩きをしてみてください。

さっきよりも元気に歩くことができていたら、全身がリラックスしてきた証拠です。

終わりに

「ゆる体操」はいかがでしたか。「モゾモゾ」「コゾコゾ」「ネバネバ」など、普段はあまり使わない擬態語をつぶやきながらの体操は、初めは違和感があるかもしれません。

しかし、特別な道具は必要ありませんし、時間もかからないので、勉強の合間の気分転換に試してみてください。リラックス＆リフレッシュで勉強がよりはかどるかも！

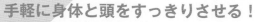

SCHOOL EXPRESS

充実した高大一貫教育で自主・自立の精神を育む

WASEDA UNIVERSITY SENIOR HIGH SCHOOL

早稲田大学高等学院

東京都
練馬区
男子校

早稲田大学高等学院の生徒は、早稲田大への進学が約束されているため、クラブ活動や生徒会活動などに思う存分に打ち込むことができます。中学部からの生徒が１年生として加わり、新校舎による恵まれた教育環境で新たなスタートが切られています。

山西《やまにし》 廣司《ひろし》 学院長先生

早稲田大直属の伝統ある名門校

早稲田大学高等学院（以下、早大学院）は、１９４９年（昭和24年）開校の新制早稲田大学附属早稲田高等学院を始まりとし、翌１９５０年（昭和25年）に現校名に改称されました。

当時は早稲田大構内に学び舎がありましたが、１９５６年（昭和31年）に現在地の練馬区上石神井に移転、そして2010年（平成22年）には中学部が開設されました。

教育の前提には「早稲田大学の中核をなす人材の育成」があげられており、山西廣司学院長先生は「早大学院は早稲田大の一部であり一機関であるという位置づけのため、名称に附属という言葉を使用していません。そして早稲田大の教育理念である『早稲田大学教旨』が早大学院にも引き継がれています。早稲田大の教旨は『学問の独立』『学問の活用』『模範国民の造就』の3点が大きな柱となっています。まずあげられる『学問の独立』、これは真理の探究を意味し、正しいと思うことは時代や人によって異なることもありますが、正しいことを追究していこうというものです。国の独立の礎でもあります。2つ目の『学問の活用』は、探究した真理を社会に活かしていこうというもので、3つ目の柱は『模範国民の造就』です。グローバルな社会に対応していける生徒の育成をめざしています」と話されました。

幅広い人間関係を築ける クラス編成

1年次のカリキュラムは芸術科目と第二外国語の授業を除いて共通履修です。第二外国語の授業は選択必修となっており、ドイツ語・フランス語・ロシア語・中国語から1つの言語を選択して3年間学ぶもので、早大学院が始まって以来行われている伝統的な授業です。

今年度（平成25年度）からは、中学部の生徒（中入生）が120名進学しましたが、各クラスには中入生が約10名ずつ均等に分けられており、中入生と高入生が1年次からいっしょのクラスで学んでいます。

2年次・3年次からは選択した科目によって、ゆるやかな文系・理系に分かれます。

「HRクラスを基本としていますので、生徒は各自が選択した科目の教室へ移動して授業を受ける形になっています。このような形式をとっているのは、さまざまなタイプの生徒がクラスにいた方が幅広い人間関係を築けますし、お互いの刺激になると考えるからです。

2年次の進路選択の際に文系か理系かを迷っている生徒には、理系を選ばせています。理系を選択しておくと、文系を選択したときよりも進路選択の幅が広がり、早稲田大の13学部すべてに進学が可能になります。また、新しいカリキュラムでは、文系も数学を重視した編成になっており、数学的センスや論理性を養うことをめざしています。」（山西学院長先生）

「総合的な学習の時間」で 主体的に学ぶ姿勢を養う

「受身ではなく主体的に学ぶということは、問題発見・課題解決の力をどのように身につけるかということだと考えます。世の中のあらゆることに関心を持ち、なにが問題なのか、どうしたら現状がよくなるのか、という問題意識をつねに持って生活してほしいと思います」と山西学院長先生が語られるように、早大学院では主体的に学ぶ姿勢を養うため「総合的な学習の時間」が活用されています。

まず、2年次の前半でプレゼンテ

施設

校舎は新しく生まれ変わりました。各校舎はデッキでつながっていて、生徒が行き来しやすいつくりになっています。

図書室

約15万冊の蔵書数は高校ではトップクラスの充実度。また、早稲田大の図書館も大学生と同様に利用できます。

デッキ

外観

体育祭

2日間にわたってクラス対抗で行われ、男子校ならではの熱い戦いを繰り広げます。

総合的な学習の時間

モデル講義

ディベート

プレゼンテーション

高大一貫教育の1つ「モデル講義」は、大学の雰囲気を肌で感じることができます。

国際交流

ハナ国際シンポジウム（韓国）への参加をはじめ、多くの国際交流の場に積極的に参加しています。

早慶戦

毎年1年生は東京六大学野球の早慶戦の応援に行きます。

クラブ

米式蹴球部

早大学院には体育部門・文化部門あわせて50ものクラブがあり、各自が積極的に活動しています。

グリークラブ

ジャグリング同好会

ハンドボール部

学院祭

秋に2日間行われる学院祭には、毎年約4000名が訪れ、活気ある行事となっています。

ーション能力やコミュニケーション能力を磨きます。そして3年次に執筆する卒業論文に向けてのテーマ設定などに取り組んでいきます。山西学院長先生は、「どういったものが論文のテーマになりうるのかというところから始めるため、テーマ設定にはかなりの時間を要します。論文は感想文ではありませんので、論理的な組み立てをしていかなければなりません。設定したテーマがそのような対象になりうるものなのか、1人ひとりがじっくりと考えてテーマを生み出していきます」と話されます。

設定したテーマをもとに、3年次には最低1万2000字という卒業論文の執筆に取り組みます。早大学院は、文部科学省からスーパーサイエンスハイスクール（SSH）に継続指定されており、高度な研究を行える環境が整っているため、SSHの取り組みと連携させて論文制作に取りかかる生徒もいます。とくに優秀な論文は『論文・作品集』として冊子にまとめられます。

また、従来のクラブ活動や生徒会活動の枠では収まりきらないような課外活動も行われています。それは、有志の生徒による「環境プロジェクト」「模擬裁判プロジェクト」「国際交流プロジェクト」などのプロジェクト活動で、各自が興味のある分野のプログラムに積極的に参加しています。

進路決定の手助けとなる 充実した高大一貫教育

早大学院では卒業生全員に早稲田大への進学が約束されており、生徒たちが自分に合った学部を決められるようさまざまな機会を設けています。

毎年5月には、3年生を対象にした「モデル講義」が早稲田大の各キャンパスで実施され、大学の雰囲気を肌で感じるとともに、各学部への理解を深めることができます。6月には西早稲田キャンパスにある基幹・創造・先進の理工3学部で、学部教員による学部説明会が開催され、9月には全学部の教員による学部説明会が早大学院で開催されます。

また、3年生が履修する自由選択科目の「文学!?」「理工学特論」では、大学の教員による授業を受けることができます。

早稲田大では、オープン教育センターの設置科目として、高校生の聴講が認められる科目も用意しています。そのため、この制度を利用して、早大学院の授業が終わったあと大学の5・6限目の講義に参加する生徒もいます。

さらに、早大学院OBの大学生・大学院生と在校生が懇談する機会も設けられるなど、きめ細かな高大一貫教育を行うことで、生徒が自分に合った道へ進めるよう配慮されています。

早稲田大への進学学部の決定は、基本的に生徒の希望が尊重されるため、8割程度の生徒たちが第1希望か第2希望の学部へ進学していきます。

希望学部が集中した場合は、定期考査や学力テストといった3年間の成績をもとに決定されます。一方で、書類と面接で生徒の意欲を判断し、学部が決められる制度もあります。

現在、早大学院では、新校舎が続々と竣工されており、2014年（平成26年）の春から夏にかけて講堂棟と体育館棟が完成すると、また新しい学び舎が誕生します。最新の良質な教育環境が整う早大学院では、どのような生徒さんを待っているのでしょうか。

「早大学院では自主・自律の精神を持つことを大切にしています。自分でハードルを設定して走ることができる、また、走りたいという意欲を持った生徒さんに入学してほしいです。入学するときに具体的な目標がなくても、早大学院のいろいろなプログラムを活用して、自分自身を成長させようとする熱意のある生徒さんを待っています。」（山西学院長先生）

School Data

所在地	東京都練馬区上石神井3-31-1
アクセス	西武新宿線「上石神井駅」徒歩7分
生徒数	男子のみ1488名
TEL	03-5991-4151
URL	http://www.waseda.jp/gakuin/koukou/

3学期制　週6日制　月～金曜日6時限、土曜日4時限　50分授業　1学年12クラス　1クラス40名

2013年3月卒業生の早稲田大進学状況

学部名	進学者数
政治経済学部	110
法学部	85
文化構想学部	16
文学部	9
教育学部	23
商学部	45
基幹理工学部	38
創造理工学部	54
先進理工学部	62
社会科学部	30
人間科学部	3
スポーツ科学部	0
国際教養学部	14
計	489

共学校　埼玉県　新座市

西武台《せいぶだい》高等学校

改革から5年目の確かな実績

改革がもたらした合格実績の伸長

西武台高等学校は、2009年度（平成21年度）、教育内容・教育環境において大幅な改革を実施し、5つのコースを編成しました。その改革から5年が経った現在、国公立大学や難関私立大学への現役合格者数が年々増加しています。

「特進選抜コース」と「特進コース」では、週6日制7時間授業・課外講習・勉強合宿が実施されています。難関国公立大学・難関私立大学・医歯薬系大学への合格をめざす「特進選抜コース」は、少人数授業の徹底とゼミ形式の授業を展開することで、1人ひとりの学力向上をはかります。「特進コース」では習熟度別に数学・英語の授業を行い、国公立大学およびG－MARCHランクの私立大学をめざします。

「選抜コース」と「進学コース」では、文武両道を追求します。授業は6時間体制で実施され、学業だけでなく、放課後の部活動の時間も大切にしています。そして、独自のカリキュラムを構成している「総合進学コース」では、選択科目で専門性を高め、在学中に簿記や情報系の資格取得をめざします。

合格実績が伸びている理由はコース制だけではありません。生徒と教員の距離の近さによって生まれる信頼関係も理由の1つです。大学受験においては、生徒1人に対して、教員3人が指導するSSS（スペシャリー・サポーティッド・スチューデント）の体制があります。生徒1人ひとりが現役で第1志望校に合格できるよう、学校全体でサポートしているのです。

School Data

所在地	埼玉県新座市中野2-9-1
生徒数	男子828名、女子584名
TEL	048-481-1701
アクセス	東武東上線「柳瀬川駅」・JR武蔵野線「新座駅」スクールバス15分
URL	http://www.seibudai.ed.jp/

充実した環境で生まれる文武両道

図書館や自習室は20時まで使用でき、その時間にスクールバスも対応しています。自習室は、スタディ・ポッドと呼ばれる48座席のブース型になっています。また、第2グラウンドには、全国屈指の人工芝のサッカー場やオムニテニスコートが完備されています。

このような充実した環境のなかで、21の運動部、9つの文化部、4つの同好会の活動が盛んに行われています。平成25年4月には、アメリカで行われた「Miss Dance Drill Team USA International Competition 2013」にバトン部が出場し、ポンポンの部で優勝を果たしました。

西武台高等学校は、「若き日に　豊かに知性を磨き　美しく心情を養い　たくましく身体を鍛えよ」と校訓を掲げています。5つのコース、信頼しあう生徒と教員、充実した設備で、その校訓を実践しています。

女子校　東京都　武蔵野市

藤村女子《ふじむらじょし》高等学校

「知・徳・体」を兼ね備えた女性になるために

個性豊かな女性を育成するプログラム

藤村女子高等学校（以下、藤村）は、女子教育の先駆者である藤村トヨ先生によって１９３２年（昭和７年）に設立されました。住みたい街としても高い人気を誇る吉祥寺に位置し、ボランティア活動の一環として全校生徒が街の清掃を行ったり、地域の祭りに参加するなど、生徒は吉祥寺の街と共生しながら充実した毎日を送っています。

建学の理念には「女子の心身の育成と徹底した徳性の涵養《かんよう》」を掲げ、「知育」「徳育」「体育」の3本の柱をもとに、個性豊かな女性を育成するための教育を行っています。

カリキュラムはコース別に編成されており、「特進クラス」と「進学クラス」からなる「総合コース」、スポーツに関心のある生徒向けの「スポーツ科学コース」の2コースがあります。

「特進クラス」は普段の授業とは別に特別講座などを開くことで高い学力を養い、難関大学への進学をめざします。「進学クラス」は文系・理系の科目をバランスよく学べるため、将来の選択肢を広げることができます。

「スポーツ科学コース」は全員が運動部に所属しており、２０２０年の東京オリンピック出場をめざせる生徒たちが、集団生活を通して多様な進路に対応できる力を養っています。

各コース共通の総合的な学習の時間には、食事の大切さやバランスのよい献立を学べる「食育」、茶道や着付け、礼法について学べる「日本文化」などの授業が用意されています。

さらに、各学年に合った「キャリア教育」も実践されています。学校に大学の先生方を招いて行う説明会や授業体験、卒業生の講演などを通して、自分自身と向きあいそれぞれが自分の進む道を決定していきます。

また、創部以来つねに全国大会へ出場している競泳部、団体女子の部で今年全国優勝した囲碁部をはじめとして、運動部・文化部にかかわらずさまざまな部活動が各大会でよい成績を収めているのも特徴的です。

生徒が全力で取り組むのは部活だけではありません。藤村の伝統行事である演技発表会では、全校生徒が心を１つにしてマスゲームを行い、見る人に感動を与えています。そのほか、弁論大会、スポーツ大会など多彩な行事が開催され、豊かな心を育んでいます。

２０１２年に創立80周年を迎え、１００周年を見据えて新たなスタートを切った藤村女子高等学校。１人ひとりが将来の夢を実現できる環境、そして「知・徳・体」を兼ね備えた女性になれる環境がここにはあります。

School Data

所在地	東京都武蔵野市吉祥寺本町 2-16-3
生徒数	女子のみ 350 名
TEL	0422-22-1266
アクセス	JR 線・京王井の頭線・地下鉄東西線「吉祥寺駅」徒歩５分
URL	http://www.fujimura.ac.jp/

女子校

埼玉県立 浦和第一女子《うらわだいいちじょし》高等学校

平野《ひらの》 正美《まさみ》 校長先生

将来の世界と日本を担う 聡明でしなやかな女性を育成する

伝統ある県立女子校である浦和第一女子高等学校。ＪＲ線の浦和駅から徒歩8分というアクセスしやすい場所にありながら、閑静な住宅街に囲まれ、学習に適した落ち着いた環境が整っています。生徒の自主性が尊重され、勉学や課外活動などすべてに伸びのびと全力で取り組める女子校です。

全国屈指の伝統と実績を持つ県立女子校

埼玉県立浦和第一女子高等学校（以下、浦和一女）は、今年で114年目を迎える伝統校です。

その歴史は、1900年（明治33年）、埼玉県高等女学校という名称で設立されたのが始まりです。

1901年（明治34年）には埼玉県女子師範学校に併置され、埼玉県立浦和高等女学校と改称されました。1910年（明治43年）に現在地に移転。1941年（昭和16年）、埼玉県立浦和第一高等女学校と改称され、戦後の1948年（昭和23年）に新制高等学校として現在の埼玉県立浦和第一女子高等学校になりました。

浦和一女ではめざす学校像として「個性輝き次代を担う女性を育てる。県民が誇れる進学校」という言葉が謳《うた》われてい

SSH

指定10年目を迎える浦和一女のSSH。講義や講演会のほかにも、宿泊研修やものづくり体験実習などさまざまな角度から理系女子を育てます。

ものづくり体験実習

化石の発掘

発表

特色あるカリキュラム

早朝漢文素読

図書館の多読図書コーナー

進学指導も充実

早朝漢文素読や英語の多読など、特色ある取り組みも多くみられます。

ます。

平野正美校長先生は「本校は自主・自律の気風のなかで、個性を磨き伸長させながら次世代を担っていく女性リーダーの育成に努めています。そして、県民が誇れる進学校として、さまざまな教育プログラムを展開しています。

女子校ならではの特色ある取り組みも多く、例えば1年生は入学してすぐに、2部合唱が美しい本校校歌『アカシヤはもえ』のクラス対抗の校歌歌合戦を行います。また、同じく1年生で『護身術講習会』が実施されるなど、女子高ならではの取り組みが数多く行われています」と話されました。

授業は学校の「コア」 65分でしっかり学ぶ

浦和一女では、授業が学校の「コア」と位置づけられています。1時限は65分授業です。月～金曜日まで基本は5時限、土曜日は隔週で午前中3時限の授業が実施されています。

2学期制を採用し、前期A週（土曜授業のある週）の木曜日と後期の木曜日は5時限目がLHR、前期B週（土曜授業のない週）の火曜日は6時限目がLHRになっています。

カリキュラムは、1年次が芸術科目の選択授業を除いて共通履修となり、幅広い教養と基礎学力の充実が図られています。2年次からは文系・理系に分かれます。

「クラス替えは各学年で行います。2年次のクラス替えで文系クラスと理系クラスに分けています。

文系・理系の割合は、2年生は半々くらいで、3年生になっても割合はほとんど変わりません。近年の傾向として、理系の生徒が増えてきています。」（平野校長先生）

多彩な「オプション」が 学校生活を充実させる

浦和一女では、「コア」と位置づけられた授業に加え、その他の学習プログラムや学校行事、部活動などが、学校生活を彩る「オプション」として用意されています。

これらの「オプション」を通して、学力以外で将来必要となる課題解決能力や発信力、プレゼンテーション能力、コミュニケーション力などを磨いていきます。

「オプション」のなかからいくつかをご紹介しましょう。

毎朝8時から行われる「早朝漢文素読」は、希望者が『論語』を素読し、1年かけて読みきります。平野校長先生は「夏休み明けの新学期初日から、30名ほどの生徒が素読をしているのには感心しました」と話されました。

「実力養成講座」は、早朝や放課後、長期休業中の時間が利用され、希望者に対して開講されている多彩な講座です。2012年度（平成24年度）に開講されたものとしては、平常授業期間に早朝＝「古典演習」「センター地学」「政経特訓」「英語文法」、放課後＝「日本史」「世界史」「数学」「化学」など、土曜日＝「英語センター分析と対策」「数学ⅠAⅡB」、夏期休業期間には「日本史実践演習」「数学B攻略法」「英文長文読解」など、多岐にわたります。

「夏期・冬期講習も実力養成講座の一環として各学年に向けて行っています。本校の講座はあくまでも実力を伸ばすためのものです。」（平野校長先生）

「英語多読プログラム」は、卒業までに100万語に触れることを目標とし、自主・自発的に英語に親しむ取り組みです。

図書館にはさまざまなジャンルの洋書が蔵書として用意されています。洋書は英語の難易度別に分けられ、その本の単語数も記されています。生徒自身が自分のレベル、興味に合わせて本を選んで読み、累計で目標となる100万語をめざします。

そのほかに、2年生の希望者が参加する「オーストラリア海外研修」や、近隣の小学校でボランティア活動を行う「学び合い交流事業」などもあります。

SSH教育を通じて 女性科学者・技術者を育成

浦和一女は、2004年（平成16年）のSSH指定から今年（2014年）で10年目になります。研究課題には「広い視野を身につけた人材、国際社会で独創性を発揮し次の世代をリードする女性科学者・技術者を育むための総合プログラムを開発編成する」ことが掲げられています。活動としては「科学・技術への広い視野の育成」「科学の方法・独創性を身に付けること」「国際性と高いキャリア意識を育むこと」の3つの目標に沿って、講義・実験・実習・研修旅行・課題研究・キャリア講座などさまざまな取り組みが行われています。参加は希望制で、1年ごとに継続する形です。

「今年度は1年生が76名で過去最多の参加者となりました。本校のSSHの特徴は体験することを重視し、企業や大学訪問の際にも、実習を取り入れていることです。また、英語プレゼンテーション講座を実施するなど、発信力を鍛える指導もしています。また、2・3年生のSSH参加者は、全員が1人1つのテーマを持って個人研究に取り組みます。3年次には、研究結果の発表も行います。今年度からの企画として、埼玉県立のSSH指定女子校に呼びかけて、浦和一女の生徒とともに熊谷女子高のみなさんも参加

修学旅行

体育祭

体育祭は6月。クラス対抗で行われ、とても盛りあがります。3年生による仮装はかわいらしく、女子校ならではのプログラムです。

スポーツ大会

全校討論会

文化祭

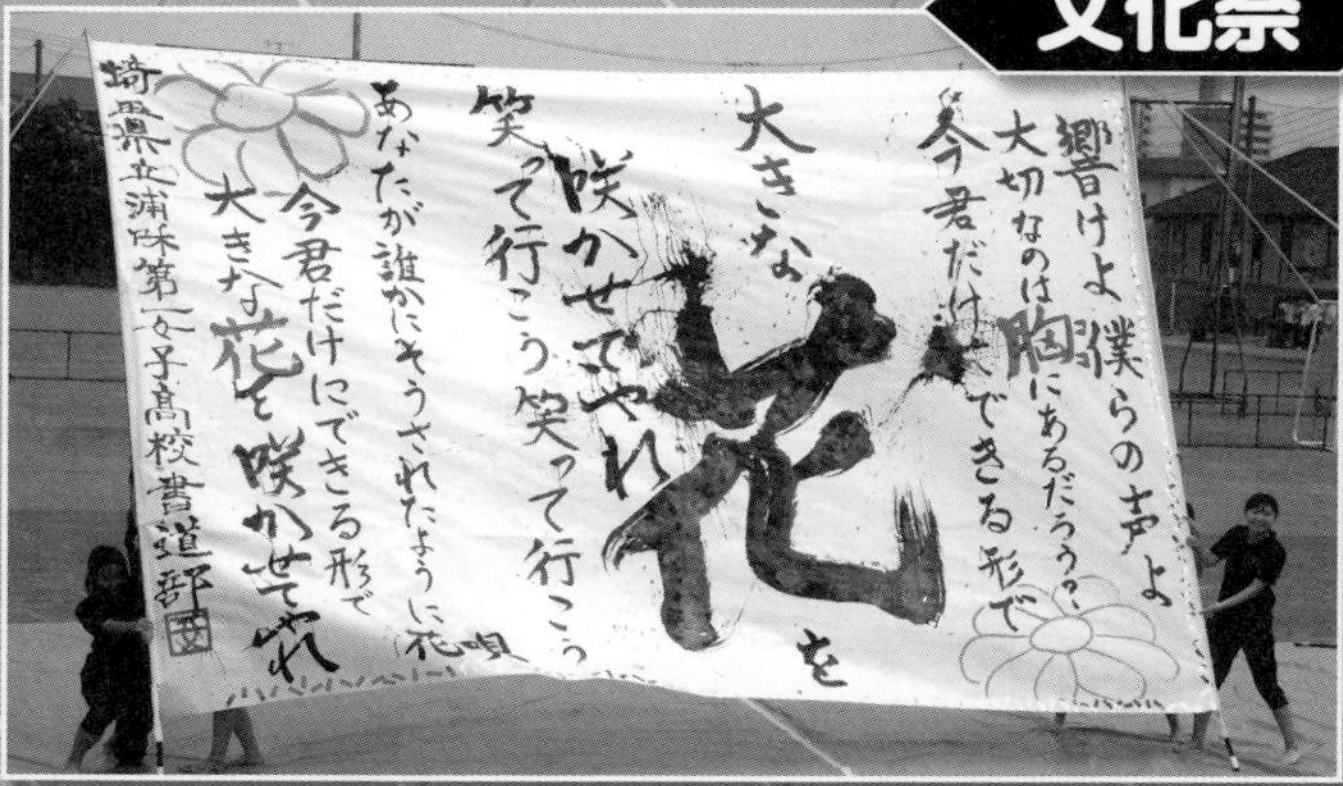

毎年８月31日と９月１日の２日間行われ、多くの来場者でにぎわう浦和一女の文化祭。例年約8000名が訪れるというから驚きです。クラス展示や文化部の発表など見どころもさまざまです。

部活動

能楽部

マンドリン部

してくださり、いっしょに女性研究者の方々のお話しを聞く機会を設けました。SSHを通じたキャリア教育ですね。女性研究者の育成につながればと考えています。」（平野校長先生）

きめ細かな進路進学指導「進路ガイダンスノート」

毎年すばらしい難関大学合格実績をあげている浦和一女では、進路進学指導がきめ細かな配慮を基に行われています。

毎年１年次から、「進路ガイダンスノート」が配られ、進路指導に役立てられています。年間のスケジュール、定期考査に向けての学習計画、進路資料室の使い方などが示され、ほとんどのページが書き込み式になっています。ノートは配付されるだけではなく、定期的に先生が内容をチェックしますので、ムダなく活用できるうえ、教員と生徒との情報交換の役割も果たします。また、校内実力テストや全国模擬試験が実施され、成績結果は進路指導にも役立てられています。

ＯＧによる進路懇談会について平野校長先生は「ＯＧの活躍は本校の財産と言えます。現役大学生のＯＧから話を聞く機会を設けたり、ＯＧが残してくれた合格体験記を冊子にして、進路資料室に置いています」と説明されました。

卒業式には全校生徒がベートーヴェンの第九交響曲「歓喜の歌」を合唱するという浦和一女では、どのような生徒さんに来てほしいのでしょうか。「自主性・主体性を持ち、勉強以外にも活躍できるタフな心身を持った生徒さんです。そういう生徒さんは、本校のシステムのなかではさらに伸びていくだろうと思います」と平野校長先生は話されました。

School Data

所在地	埼玉県さいたま市浦和区岸町3-8-45
アクセス	JR京浜東北線ほか「浦和駅」徒歩8分、JR京浜東北線・武蔵野線「南浦和駅」徒歩12分
TEL	048-829-2031
生徒数	女子のみ1141名
URL	http://www.urawaichijo-h.spec.ed.jp/

✣２学期制 ✣週５日制
✣月～金 5時限 土 隔週で３時限 ✣65分授業
✣１学年９クラス（クラス数は学年により変わる）
✣１クラス40名

2013年度（平成25年度）大学合格実績（ ）内は既卒

大学名	合格者	大学名	合格者
国公立大学		私立大学	
筑波大	10(0)	早大	89(41)
千葉大	15(8)	慶應大	33(15)
埼玉大	27(7)	上智大	37(12)
埼玉県立大	4(0)	東京理大	58(27)
東大	3(1)	青山学院大	37(7)
東京医科歯科大	1(0)	中央大	59(27)
東京工大	2(2)	法政大	79(34)
東京外大	7(1)	明治大	108(46)
東京学芸大	12(4)	立教大	147(40)
一橋大	1(1)	国際基督教大(ICU)	3(2)
お茶の水女子大	18(4)	学習院大	39(12)
首都大学東京	8(3)	北里大	21(4)
京都大	1(1)	星薬科大	8(3)
その他国公立大	41(14)	その他私立大	603(232)
計	150(46)	計	1321(502)

和田式
教育的
指導

苦手科目と得意科目入試直前期にはどのように取り組むか

11月もなかばを過ぎました。いよいよ、2学期も終盤に向かおうとしています。これまで取り組んできた受験勉強の積み重ねが実力に反映されてくるころです。今回のポイントは、苦手科目と得意科目です。いままでやってきたことを振り返って、自分の苦手科目と得意科目について考えてみましょう。

苦手科目による失点を最小限に抑えること

苦手科目の克服をめざして勉強することは大切なことです。しかし、本番を間近に控えた入試直前期においては、少し気をつけなければなりません。まだ中1や中2の段階ならば、苦手科目克服のために時間をかけて勉強することは問題ありません。しかし、入試直前期では、本番までの限られた時間を使い、いかに得点力をあげていくかということが最優先となります。

苦手科目を意識しすぎてしまうと、そればかりに時間がとられてしまい、もっと得点が伸びる部分の勉強がおろそかになってしまう可能性があるのです。苦手科目の数学よりも、得意科目の英語の方が得点をあげられる可能生があるならば、英語の勉強を優先させるという選択もあり得るのです。

受験までに苦手科目を克服することを諦めたとしても、完全に勉強しなくなってしまうのではなく、失点を最小限に抑えるために基礎的な部分の確認をしたり、苦手のなかでもまだ得意な分野に取り組むといった方法をとりましょう。要するに、「苦手科目は克服しなければいけない」ということは、受験直前期には当てはまらないのです。

Hideki Wada

和田秀樹

1960年大阪府生まれ。東京大学医学部卒、東京大学医学部附属病院精神神経科助手、アメリカのカールメニンガー精神医学校国際フェローを経て、現在は川崎幸病院精神科顧問、国際医療福祉大学大学院教授、緑鐵受験指導ゼミナール代表を務める。心理学を児童教育、受験教育に活用し、独自の理論と実践で知られる。著書には『和田式　勉強のやる気をつくる本』（学研教育出版）『中学生の正しい勉強法』（瀬谷出版）『難関校に合格する人の共通点』（共著、東京書籍）など多数。初監督作品の映画「受験のシンデレラ」がモナコ国際映画祭グランプリ受賞。

できない理由は「苦手」か「課題」か

これから苦手科目を伸ばせるかどうかは、できない理由を「苦手」と「課題」に分けることで判断がしやすいでしょう。

１００点満点の試験で20点や30点しかとれないと、多くの場合「苦手科目」と意識します。

しかし、勉強しているのにできない場合と、勉強してないからできない場合では大きな違いがあります。

時間をかけて一生懸命勉強しているのに20～30点しか取れないのであれば、それは「苦手」なのです。「苦手」であれば克服は容易ではなく、入試までに大幅な得点アップを狙うことは難しいと考えましょう。

逆に、社会科など暗記が必要な科目で、じつはまだそれほど勉強していないから20～30点しか得点できなかったということであれば、こちらは「課題」が残っている状態です。この時期からでも、急いで勉強をすればどんどん得点は伸ばすことができるはずです。

改めて、自分の苦手科目と向きあい、できない理由をしっかり見極めてから取り組んでください。

得意科目はどれほど「得意」か

苦手科目をこれ以上伸ばすのが難しいのであれば、そのぶん得意科目で点を取らないといけません。では、その得意科目はどれほど「得意」なのでしょうか。その科目がただ好きだとか、学校のテストでそこそこ点が取れるという程度であって、過去問では志望校の合格点に届かないのであれば、高校受験における得意科目とは言えないのです。

入試となれば、レベルの高い受験生たちと互角に競うわけですから、得意科目にもそれなりのレベルがないとなりません。得意だからといって安心せず、さらに伸ばしていく。得意だからこそしっかりと勉強をする。これが大切なのです。

例えば、帰国子女の人であれば、英語を読むスピードがかなり速い人もいます。しかし、英文を速く読めることと、英語の問題を解けることは違います。読むスピードが速くても、受験勉強に取り組み、志望校の過去問で合格点が取れなければ、帰国子女であっても英語が得意科目であるとは言えないのです。

もし得意科目で合格点に足りず、厳しい状況の場合には、いまから本当の得意科目にしていくように集中して勉強してください。好きな科目であれば、勉強が苦にならないだろうし、磨けば光ることがあります。例えば、帰国子女で英文を速く読めれば人より多く英語の問題集に当たれるため、最終的に得点をあげられる可能性が高くなるでしょう。

直前期における苦手科目と得意科目へ取り組む際のポイントを頭に入れ、効率よく勉強しましょう。

E_1　[1]→[4]→[5]→[2]
E_2　[1]→[4]→[5]→[4]
E_3　[1]→[4]→[5]→[6]
E_4　[1]→[4]→[5]→[8]
F_1　[1]→[4]→[7]→[4]
F_2　[1]→[4]→[7]→[8]
F_3　[1]→[4]→[7]→[4]
F_4　[1]→[4]→[7]→[8]

[8]へ移動するのはE_4、F_2、F_4の3つだ。

結局、A_1～F_4は全部で24通りもあるのだが、そのうちで[8]へ移動するのは、C_4、E_4、F_4、F_4の4つしかない。確率は$\frac{4}{24}=\frac{1}{6}$ということだ。

解答　（2）　$\frac{1}{6}$

ここまでの考え方がわかれば、最後の（3）も自力で解けるだろう。ただし、（1）（2）とそっくり同じに考えると、少しばかり時間がかかる。

そこで、（2）の結果をうまく利用することだ。

A_1～F_4の最後の部分を見てごらん。

なにか気がつくことはないかな？

24通りもあるけれども、最後の部分は、[2]か、[4]か、[6]か、[8]かのどれかだね。

点Pが[1]からスタートして、どのように3回移動したとしても、その結果は[2]、[4]、[6]、[8]のどれかに限られているわけだ。

数えてみると、[2]が8つ、[4]が8つ、[6]が4つ、[8]が4つだ。これを手がかりとして、（3）を解くのだ。

言い換えると、3回移動の結果を利用して、4回移動の結果を見抜くというわけだ。

では、やってみよう。

まずは[2]からだ。3回移動の結果の[2]からさらに1回移動すると、その移動先は[1]か[3]か[5]かの3通りだ。

だから、[2]→[5]の確率は$\frac{1}{3}$になる。

同じように、3回移動の結果の[4]からさらに1回移動すると、その移動先は[1]か[5]か[7]かの3通りになる。

だから、[4]→[5]の確率も$\frac{1}{3}$になる。

まったく同じように、3回移動の結果の[6]からさらに1回移動すると、その移動先は[3]か[5]か[9]かの3通りなのだから、[6]→[5]の確率も$\frac{1}{3}$になる。

残りの3回移動の結果の[8]から1回移動すると、その移動先は[5]か[7]か[9]かの3通り、つまり[8]→[5]の確率もまた$\frac{1}{3}$だ。

結局、3回移動の結果の[2]、[4]、[6]、[8]から、どう1回移動しても、その確率はすべて$\frac{1}{3}$ということになる。

だから、[1]から4回で[5]へ移動する確率は、$\frac{1}{3}$ということになるのだ。

解答　（3）　$\frac{1}{3}$

入試に出される確率の問題は、複雑な計算を必要としないものばかりだ。

むしろ、頭のなかでいろいろと想像しなければならない。

しかし、頭のなかで数を操作していると、混乱を招きやすい。

だから、入試本番で難しい計算の必要な問題が出たら、遠慮なく「計算用紙・下書用紙」を使うといい。

編集部より
正尾佐先生へのご要望、ご質問はこちらまで！
FAX：03-5939-6014　e-mail：success15@g-ap.com
※高校受験指南書質問コーナー宛と明記してください。

※このページは31ページから読んでください。

※このページは31ページから読んでください。

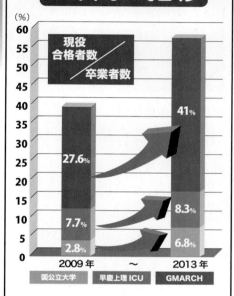

[4]へ移動するの（これをA_2型としよう）がある。

A_1　[1]→[2]→[1]→[2]

A_2　[1]→[2]→[1]→[4]

同じようにB型も2つある。

B_1　[1]→[2]→[3]→[2]

B_2　[1]→[2]→[3]→[6]

C型も同じく2つある。

C_1　[1]→[2]→[5]→[2]

C_2　[1]→[2]→[5]→[4]

おっと、これだけでは不十分だ。というのは、C型には[1]→[2]→[5]→の移動先が、[2]と[4]だけでなく、[6]と[8]もある。

つまり、

C_3　[1]→[2]→[5]→[6]

C_4　[1]→[2]→[5]→[8]

もあるのだ。

さあ、ここに大きな落とし穴がひそんでいるぞ。**ここからが大事な話だ**。

C型が4つあるということ（C_1、C_2、C_3、C_4の4通りがあるということ）は、C_1、C_2、C_3、C_4のどれになるかの確率がそれぞれ$\frac{1}{4}$だということだ。

C型の移動は4通りある、つまり確率が$\frac{1}{4}$ということは、A型の移動もB型の移動もそれぞれ確率が$\frac{1}{4}$でなければならない。

なぜだろうか？

それは、最初に詳しく問題文の説明をしたように、「隣の正方形に同じ確率で移動する」とあって、A型の移動もB型の移動もC型の移動も、同じ確率なのだ。

というわけで、A型もB型も4通りなければならないのだよ。

ところが、A型はA_1とA_2の2通りしかない。B型もB_1とB_2の2通りしかない。

さあ、どうする？

こういう場合は、次のように考えることになっている。

A_1　[1]→[2]→[1]→[2]

A_2　[1]→[2]→[1]→[4]

A_3　[1]→[2]→[1]→[2]（A_1と同じ）

A_4　[1]→[2]→[1]→[4]（A_2と同じ）

つまり、A_1とA_2が繰り返されて、A_3とA_4が生じると見なすのだ。そうすれば、4通りということになるね。

B型も同じで、

B_1　[1]→[2]→[3]→[2]

B_2　[1]→[2]→[3]→[6]

B_3　[1]→[2]→[3]→[2]（B_1と同じ）

B_4　[1]→[2]→[3]→[6]（B_2と同じ）

というふうに、B_1とB_2が繰り返されて、4通りになるというわけだ。

では、A〜C型をひと通り並べてみよう。

A_1　[1]→[2]→[1]→[2]

A_2　[1]→[2]→[1]→[4]

A_3　[1]→[2]→[1]→[2]

A_4　[1]→[2]→[1]→[4]

B_1　[1]→[2]→[3]→[2]

B_2　[1]→[2]→[3]→[6]

B_3　[1]→[2]→[3]→[2]

B_4　[1]→[2]→[3]→[6]

C_1　[1]→[2]→[5]→[2]

C_2　[1]→[2]→[5]→[4]

C_3　[1]→[2]→[5]→[6]

C_4　[1]→[2]→[5]→[8]

ということになる。これが、点Pが[1]から3回の移動するパターン（型）だ。

ここから、点Pが[1]から3回移動して[8]へ移るのは、C_4だけだとわかるだろう。

今度はD〜F型だ。A〜C型と同じように考えよう。そうすると、以下のようになる。

D_1　[1]→[4]→[1]→[2]

D_2　[1]→[4]→[1]→[4]

D_3　[1]→[4]→[1]→[2]

D_1　[1]→[4]→[1]→[4]

「移動する」というのは、もちろん点Ｐが[1]から動き出して[2]か[4]かどちらかへと動くということだ。

その移動が「同じ確率で」というのは、[2]と[4]のどちらへ動くかは半々だという意味だよ。

問題文の意味がわかったら、問題は半分解けたも同然だ。さあ、解き始めるぞ。

点Ｐが動くのは[2]か[4]かだから、その２つを分けて考えよう。

まず、[1]から[2]へ動く場合だ。

点Ｐが最初に[2]へ移動する。そして、すぐに[2]から隣りの辺へ移動する。

[2]の「隣りの辺」ってのは[3]、[5]だ。点Ｐは[1]から２回移動すると[3]か[5]か、どちらかにいるわけだ。その確率は「同じ確率で」半々、数値でいうと$\frac{1}{2}$だ。

つまり、２回の移動で点Ｐが[5]にいる確率は$\frac{1}{2}$だ。

これが正解…だったら、易しい問題だね。

ところが、これが早合点というものだ。「隣りの辺」ってのは[3]、[5]だなってところが誤りだ。[2]の隣りの辺は３つある。[3]と[5]と[1]だ。

「えっ、点Ｐが戻るのありかよ」などと文句を言ってはならない。進むも戻るも「移動」だね。移動にかわりないのだよ。

正しい考え方はこうだ。

点Ｐが[1]から[2]へ移動し、次は[1]、[3]、[5]のどれかへ移動する。図示すると、

[1]→[2]→[1]
[1]→[2]→[3]
[1]→[2]→[5]

以上の３通りある。この３通りを「同じ確率で移動する」というのだから、[5]へ移動する確率は$\frac{1}{3}$だ。つまり、２回の移動で[5]にいる確率は$\frac{1}{3}$だね。

点Ｐが[1]から[4]へ移動する場合も同じことだ。

[4]から次に[1]、[5]、[7]のどれかへ移動する。３つのうちの５へ移動する確率は$\frac{1}{3}$。言い換えると、点Ｐが[1]から２回移動して、[5]にいる確率は$\frac{1}{3}$だね。

念のために図で示そう。移動の型は以下のようにＡ～Ｆの６つある。

Ａ　[1]→[2]→[1]
Ｂ　[1]→[2]→[3]
Ｃ　[1]→[2]→[5]
Ｄ　[1]→[4]→[1]
Ｅ　[1]→[4]→[5]
Ｆ　[1]→[4]→[7]

Ｐが２回の移動で[5]にいるのは、Ｃ型・Ｅ型の２つだ。６つの型のうちの２つだから、その確率は$\frac{2}{6}=\frac{1}{3}$だね。

解答（1）$\frac{1}{3}$

次は（2）だ。

考え方は（1）と同じだが、移動が１回増して３回だ。たった１回しか増えていないが、これが実はかなりややこしい。この（2）が難問なのだ。

難問のせいか、出題者は少しだけ親切だ。まず初めに（1）を解かせるのはなぜか？　いきなり（2）を解け、というのではない。わざわざ先に（1）を解くようにしてある。

これはじつは、「（1）の結果を利用しなさいね、上記のＡ～Ｆ型を利用すると解きやすいのです」という暗示だ。ヒントなんだよ。

といっても、一気にＡ～Ｆ型全部を使って考えると、かなりややこしくなる。で、まず[1]→[2]→という移動（Ａ～Ｃ型）から考えてみよう。

Ａ型は[1]→[2]→[1]から[2]へ移動するのと（これをA_1型としよう）、

※このページは31ページから読んでください。

【八拾四の巻】
今年出た難しい問題1

教育評論家 正尾 佐の

高校受験指南書

数学

いよいよ、今号から最終シリーズだ。

３月号の「入試問題入門」シリーズから始まって、「今年出た基礎問題」シリーズ、「今年出たおもしろい問題」シリーズと続いて、最後は「今年出た難しい問題」シリーズだ。

勉強の苦手な人には、手強すぎてつまらないかもしれないが、逆に得意な人は、ベスムズな問題に取り組んで、「よ～し、解けたぞ！　さあ、早く試験日が来ないかな！」と、大いに自信を高めてほしい（おっと、「ベスムズってなんだ？」と不審がる声が聞える。わかるだろ、ベスト・ムズい、最もムズいって意味だよ）。

今シリーズ最初の12月号は数学でいこう。

数学の過去問には難問がいろいろあるが、苦手な人の多い確率の問題にしよう。巣鴨高校が出した難しい問題だ。

1	2	3
4	5	6
7	8	9

図のように，正方形を９つの正方形に分けて１から９の番号をつける。点Ｐが１の正方形からスタートして，そのままとどまることなく，１辺を共有する隣の正方形に同じ確率で移動する。このとき、次の問いに答えよ。

（１）点Ｐが２回の移動で５の正方形にいる確率を求めよ。

（２）点Ｐが３回の移動で８の正方形にいる確率を求めよ。

（３）点Ｐが４回の移動で５の正方形にいる確率を求めよ。

（１）だけ見て、さっと解いて、「な～んだ、たいしてムズくないよ。すぐに解けるよ」と思った人、君は正しい。

正しいが、それは（１）だけかもしれないぞ。

本当にそうなのか、（１）を解いてみよう（なお、今回は難問シリーズだから、いつも以上にかみくだいた説明にしよう。「サクセス15」の読者は学力の高い人が多いだろうが、それでも数学が苦手な人も少なくないかもしれない。そういう人たちもわかるように、くどいほど詳しく説明することにする）。

まずは、上の問題を自分の力で解いてみよう。

なかなか解けないかもしれないが、それでも30分は考えてみよう。

そうしないと、以下の説明もピンとこないかもしれないからね

〈30分間、考えてみよう〉

さて、30分が経ったぞ。解けたかな？

さあ、問題解説に入る。最初に重要なことは、**問題文をよく読む**ことだ。

問題文冒頭の「点Ｐが１の正方形からスタートして」というのはすぐにわかるね（なお、ここからは１の正方形を[1]と書き表わすことにする。[2]～[9]も同じだ。）

続いて「そのままとどまることなく」というのだから、点Ｐはじっと静止していない、とにかくじっとしていられずに、「１辺を共有する隣の正方形に同じ確率で移動する」のだ。

この「１辺を共有する隣の正方形」というのは、[1]と隣り合っている[2]と[4]のことだね。

宇津城センセの受験よもやま話

ある少女の手記⑥

宇津城 靖人先生
早稲田アカデミー　特化ブロック ブロック長
兼 ExiV西日暮里校校長

師長室の調度品は、学院長室で見たものと非常に似通っていた。サケをくわえた木彫りの熊。これも学院長と同じ趣味だ。

　やはり、双子だと趣味まで似るものなのだろうか。それは先天的なものなのか、同じ家庭環境に育ったがゆえの後天的なものなのかはわからないが、とにかく学院長と師長の容姿・話し方・部屋の趣味はまったく同じだと言っても過言ではなかった。

　学院長、いや師長がおもむろに話し始めた。

「ここの病棟に入院している患者さんたちは、もはや病気を完治することはできないと判断された人たちなの。」

　話をしながら師長は沈痛な面持ちを見せる。それが演技か演技でないかぐらいの見分けはつくつもりだ。

「ただ、死を待って生きていくよりも、少しでも延命治療をしたり痛みを和らげたりする方がよい。この病棟では、そういった処置を行っているの。」

　隣で紗希がうつむいている。私もつい伏し目がちになってしまう。

「だからあなたたちには、そういう患者さんたちの気持ちが少しでも和らぐように、話し相手になってもらいたいのよ。いっしょにお茶を飲んだり、お散歩をしたりしながら患者さんたちの言葉をとにかく『聞いて』ほしいの。」

「私たちは、単なる高校生ですけど、それは伝えてしまって構わないのですか。」

　私はつい疑問を口にしてしまった。

「向井田さん。私は『聞いて』ほしいとお伝えしたわ。」

　師長は厳しい口調で答えた。

「あなたたちの少ない人生経験や、生い立ち、稚拙な判断による失敗談など、患者さんは求めていないでしょう？　出身は？　とか血液型は？　好きな男性のタイプは？　なんてそんなことを聞いている余裕はないのよ。あなたたち自身に興味を持ってもらうなんてことを想定しないで結構。『ボランティアで来ている』というくらいの立場を説明すればいいわ。嘘ではないでしょう？　年齢をもし尋ねられたら、本当の年齢を伝えてもらって結構。これも嘘をつく必要はありません。高校生だと言うことも伝えてもらって結構。もし、尋ねられたらの話だけれど。」

「はい。わかりました。」

「向井田さん、本当にわかった？　私は『聞いて』ほしいと何度も言っているでしょう。つまりは自分から『A学院から来ました、向井田です。ボランティアでお手伝いに来ました』なんて自己紹介をしないでほしい、ということなんだけど。」

　師長が厳しい目で私たちをにらみながら言った。

「え、それはダメなんですか。」

「もう1度だけ言うわ。あなたたちには

患者さんたちの言葉を『聞いて』ほしいのです。ここはあなたたちの個性を発揮する場所ではないの。患者さんたちは病と向き合い、自分の死と向き合い、それはそれは苦しい戦いをしていることはわかるでしょう？　それは孤独な戦い。人の命、人の死が関わっている戦い。そこにあなたたちが簡単に『向井田です。女子高生です。よろしく！』なんて土足であがりこんで、『可哀想に』なんて安っぽい同情を傾けるようなことがあってはならないの。私たちはまるで木石かのように、植物かのように自然にそこにいて、患者さんのそばにいて差しあげて、ポツリポツリと木々や花々に語りかけるかのように、患者さんが私たちに話してくれる言葉を受け止めてあげればいいの。『聞く』とはそういう意味なのだけど、理解できたかしら。」

　私も紗希もようやくこの仕事の重みを理解できた気がする。紗希の泣きそうな顔をみればそれがわかる。きっと私も同じような顔をしていたはずだから。

「それから、守ってほしいことがもう1つあります。」

　師長はそう言ってくるりとイスごと後ろに回転すると、立ちあがって窓際へと歩いて行った。そうして窓にかかったブラインドの隙間に人差し指を差し込み、指先でブラインドを少し下げて外を眺めた。昔の刑事ドラマでよく見かけた動作だ。

「なんですか…？」

　紗希が消え入りそうな声で尋ねた。

「患者さんがね、いろいろとご自身のことを話してくださるなかで『自分の病気は治るだろうか』と『自分は助かるだろうか』と尋ねてくることがあります。」

　学院長は、いや、師長はそう言って指をブラインドから離した。ピンッと乾いた金属音がしてブラインドは元に戻った。そして私たちに体を向けて尋ねた。

「そんなとき、どんな言葉を返したらいいと思う？」

　私と紗希は顔を見合わせた。なんて答えればいいんだろう。とても難しい質問だ。

「倉田さん、あなたならなんて答える？」

　師長はゆっくりと席に戻りながら尋ねた。イスにどっかりと腰を下ろし机にヒジをつくと、両手を口の前辺りで組んで紗希をにらみつけた。

「『わからないです』と答えます。」

「うん。そうね。それが一番でしょうね。」

　うなずいて組んだ手を放して左手でヒジをつきながら師長は答えた。

「昔ね、『大丈夫ですよ、きっと治りますよ』なんて安易に答えた看護師がいたの。失礼、安易にではないわね。その人は本当に真剣に仕事をしていたし、患者さんへの思いもとても強かったわ。だからでしょうね。患者さんに少しでも希望を持ってほしい、元気に余生を送ってほしいという思いからの発言だったのだけれど。」

　師長は伏し目がちに机を見ながら右手の指先で机の木目をなぞっている。

「その結果、どんなことが起こったと思う？」

　師長は顔を上げて私を見つめた。

「恨まれたんですね。」

　私は即答した。

「そう。いよいよその患者さんが危なくなってきたときにね、その看護師に向かってこういったの。『嘘つきが！』『俺が死ぬってわかっていたくせに！』『だましてさぞかし楽しかっただろう！』って。」

　師長はまた伏し目がちに机に視線を落とすと、右手の人差し指で机をトントンと軽くたたいていた。

「その看護師というのは、…私。」

「患者さんに希望を与えることが正義だと思っていたのね。だから自分の発言の責任とか、重さとかをしっかりとわからずに『大丈夫』『きっとよくなる』『希望を持って』なんて言ってしまっていた。もちろん新薬が発明されるかもしれない、奇跡的に快復するかもしれない、そんな可能性だってゼロではないのだから『あきらめてください』とか『残念ですが』なんて絶望的なセリフを吐くことは絶対にダメだけれど。」

　私も紗希も、もう泣きそうだった。

「そこで私は学んだの。私たちは自分で主張をしていくべき存在ではない。過度に患者さんに期待を持たせることは罪深いことだって。結局、『患者さんに希望を持ってほしい』という思いは、私たちの自己満足でしかなかったんだって。本当に患者さんのことを考えるのであれば、患者さんの思いや言葉を受け止めてあげるのが一番であって、私たちが『こんな風に考えてほしい』とか、『こう感じてほしい』と働きかけることは、人の命や死、人生そのものに土足であがりこむようなことでしかないのだって。」

　このボランティアの重さをようやく感じ始めていた。私と紗希がこれから相手をする人は、「自分の死」と向き合っている人なんだ。

　師長は伸びをして、背筋を伸ばしてから背もたれに寄りかかると、私たちに正対した。

「そこで、あなたたちには絶対に『大丈夫です』という表現を使わないでほしいの。これが守ってほしいこと。患者さんに過度な期待を与えることは、とても失礼なことです。」

「はい。」

　私も紗希も、しっかりとうなずいた。これを聞いてお腹の底に力が入らない人間はよっぽど感覚がおかしいと思う。しっかり患者さんの話を聞こう、そう決意できた。

「うん。2人ともいい顔になってきた。じゃあ、頼むわね。もう、いいわよ。」

「失礼します！」

　紗希が大きな声であいさつをして部屋を出た。私も負けずに大きな声で

「失礼します！」

とあいさつをした。

グレーゾーンに照準！ 今月のオトナの言い回し 「暦の上では」

最近はどうも変な使い方が流行っているようなんですが…「暦の上では」という言葉の後には「季節」が続きますからね、本来。この『サクセス12月号』が皆さんの手元に届くのは11月の中頃ですね。「暦の上では冬になりますが…」という時候の挨拶が使われるタイミングです。ディセンバーは12月ですから、言うまでもなく「冬」になります。「暦の上では冬になりますが…」は、ノーベンバーの11月にあたるということを、あらためて理解しておいて下さいね。老婆心ながら、気になったものですから…やっぱり、ここで確認しておきましょうか。

立春・立夏・立秋・立冬という言葉は聞いたことがありますよね？「暦の上で春が始まる日」のことを表すのが「立春」です。以下同様に「立夏・立秋・立冬」と並ぶわけです。では、「立春」にあたる日付はご存知でしょうか？ 二月の四日になります。「立夏」は五月六日頃、「立秋」は八月八日頃、「立冬」が十一月七日頃となります。覚え方として「ニシ・ゴロ・ハッパ・セブンイレブン」というフレーズがあります。「セブンイレブン」だけは「イレブンセブン」が正しい並びになるのですが、勢いを重視していますよ(笑)。「冬になる」という日付を、誰も「7月11日」だとは思わないでしょう？ ご愛嬌ということで、「11月7日」を「セブンイレブン」で覚えて下さい、というワケです。

では、ここで問題です。次の文は「季節のご挨拶」で慣用的に使われているものですが、それぞれ何月にあたるものでしょうか？ 考えてみてください。

1 師走ともなると忙しく… 2 七草もあわただしく過ぎ… 3 灯火親しむころとなりましたが… 4 新緑が目にしみるころとなりました 5 暑さ寒さも彼岸までと申しますが…

さて、いかがでしょうか。正解は、

1 十二月 2 一月 3 十月 4 五月 5 九月・三月 になります。

1の師走（しわす）は、陰暦で十二月を表すことばですよね。師走という言い方も大事ですが、ディセンバーも覚えておいて下さい。ついでに一月から全部確認しておきましょう！ 睦月（むつき）・如月（きさらぎ）・弥生（やよい）・卯月（うづき）・皐月（さつき）・水無月（みなづき）・文月（ふづき）・葉月（はづき）・

国語 東大入試突破への現国の習慣

「自画自賛力」を身につけて、モチベーションアップを図ろう！

田中《たなか》 利周《としかね》先生

早稲田アカデミー教務企画顧問

東京大学文学部卒。東京大学大学院人文科学研究科修士課程修了。文教委員会委員。現国や日本史などの受験参考書の著作も多数。早稲田アカデミー「東大100名合格プロジェクト」メンバー。

長月（ながつき）・神無月（かんなづき）・霜月（しもつき）・師走、ですからね。「むきやうさみふはなかしし」と呪文のように（笑）覚えてください。

2の七草については「七草粥（ななくさがゆ）」を食べたことはないですか？一月の七日ですよ。春の七草も覚えましょう。せり・なずな・ごぎょう・はこべ・ほとけのざ・すずな・すずしろ、です。いずれも食べられますよ！　3の「灯火親しむ」の意味は「読書の秋」と同じです。読書週間の始まる十月をイメージしてください。4の「新緑」は、風薫る五月ですよ。最近は五月に運動会をする学校も増えてきましたが、天気もよく（五月晴れ）、気持ちのいい季節だからですね。5の「お彼岸」は、年に二回ありますからね。春分と秋分がそれぞれのお彼岸の中日となりますよ。「春分の日」と「秋分の日」は、国民の祝日ですからね。

しっかりと、季節のことばを確認しておいて下さい！「暦の上では…」を正しく使えるようにお願いしますよ。じぇじぇじぇ。

慇・懃・無・礼?!
今月のオトナの四字熟語
「自画自賛」

「自分で自分のしたことをほめる」という意味の四字熟語ですね。「いやぁ、今日の試合、僕のあの絶妙のパスのおかげで、得点することができたよね！」なんて、自分が活躍したことをさも得意気に話すクラスメイトがいたら…あまり相手にしたくはないですよね。自分で自分のしたことを、みんなの前で自慢すること。「自画自賛」を、こんな風にとらえたら、決して歓迎される態度でないことは明らかです。ところがですよ、このコーナーでは、あえて「自画自賛のススメ」を展開してみたいと思うのです！

「自分で自分をほめたいと思います。」

この言葉は、アトランタオリンピックの女子マラソンで三位入賞を果たし銅メダルを手にした有森裕子選手が、レース後のインタビューで語ったものです。1996年の流行語大賞にも選ばれた言葉なのですが…皆さんは生まれてもいませんよね。実はこの四年前、1992年のバルセロナオリンピックで、有森選手は銀メダルに輝いています。ですから二大会連続で五輪メダルの獲得を達成したことになり、このこと自体、日本女子陸上選手では初となる快挙です。ですが、「自分で自分をほめたい」の言葉は、この偉業を自ら称えたものではありません。「前回が銀メダルなんだから、今回は金メダル！」というのが、有森選手を取り巻く世間の思いでした。銅メダルでは「期待外れ」と言われかねないのです。そんな周囲に対して有森選手は「メダルの色は銅かもしれませんけれども、終わってから、なんでもっと頑張れなかったのかと思うレースはしたくなかったし、今回はそう思っていないし」という言葉の後、「初めて自分で自分をほめたいと思います」と、涙ながらに語ったのでした。得意になってもいないし、自慢してもいませんよね。やるだけのことをやった人にだけ許される「自画自賛」です。

「そんな〜！　人類の限界にまで挑戦するアスリートと同じように頑張ることをススめられても…無理ですよ」って？いえいえ、君たちに「命を削って頑張れ！」なんて言いませんから（笑）。こんな「自画自賛」の例もあることをお知らせしたかっただけです。

では、君たちにおススメの「自画自賛」とは一体どんなものか？「何て自分はすごいんだろう！」って、ススんで思うことなんです。君たちが「ナルシ〜！」と言って毛嫌いする態度になりますが、この自己陶酔のことをここでは「自画自賛力」とでも言いたいと思います。注意すべきポイントは、決して人前でアピールしないことですよ。みんなの前で自慢すれば、かえってダメージを与えられることでしょう。それこそ「キモイ」ってね。そうではなく、この自己陶酔はあくまで自分の中だけにとどめておくのです。

例えば、朝、いつもより30分早く起きて、英語の単語を暗記してみた。そんな時はすかさずこう思ってください。「早起きはつらいけど、こんな思いをして頑張っている自分はすごいなぁ！」、と。あるいは、夜、ベッドに入る前に、数学の問題を一問だけ解いてみた。そんな時にも「あぁ、私は何て努力しているんだろう。うん、えらい！」、と。

早起きが嫌いだったり、数学が不得意だったりする方が、この場合は効果的です。「早起きが苦手なのに、めげずに頑張っている。何て健気で立派な人間だろう、私は！」と、あえて悲壮感をただよわせながら自己陶酔するのです。「数学は難しい。だからこそ、この私がチャレンジするしか他に方法はないんだ！」と、巨大な敵に挑む戦士のような気持ちで、問題を解く自分を鼓舞するのです。こうした「演劇的な」仕掛けが結構重要なんですよ。

「頑張っている自分って、なんてかっこいいんだろう！」と、自画自賛してみてください。「こんなにつらいけど、頑張っているんだ」と思うと、気分が高揚してきますから。自己陶酔によってモチベーションはアップするのです、ホント。皆さんもぜひ「自画自賛力」を磨いて、日々の学習をドラマチックに励んでください！

すると、△API∽△ABCより、AP：AB＝PI：BC

よって、$(18-2x)$：13＝PI：5より、PI＝$\frac{10(9-x)}{13}$

ゆえに、△CPQ＝$\frac{1}{2}\times2x\times\frac{10(9-x)}{13}=\frac{10x(9-x)}{13}$

△CPQを底面と見るとき、面ABC//面DEFであるから、線分CFの長さは、三角すいC-PQRの高さを表す。よって、三角すいC-PQRの体積が$\frac{400}{13}cm^3$のとき、

$\frac{1}{3}\times\frac{10x(9-x)}{13}\times6=\frac{400}{13}$　が成り立つ。

これを整理して、$x^2-9x+20=0$

これを解いて、$x=4,\ 5$

これらはともに$3<x<6$を満たすので、2回目に三角すいC-PQRの体積が$\frac{400}{13}cm^3$となるのは、**5秒後**

続いて、正八面体に関する問題を見ていきます。

問題2

図１は１辺の長さが4の正八面体である。点A、B、C、D、E、F、G、H、I、J、K、Lは正八面体の各辺の中点である。なお、正八面体において、同じ頂点をふくまない２つの面は平行であることが知られている。

図１

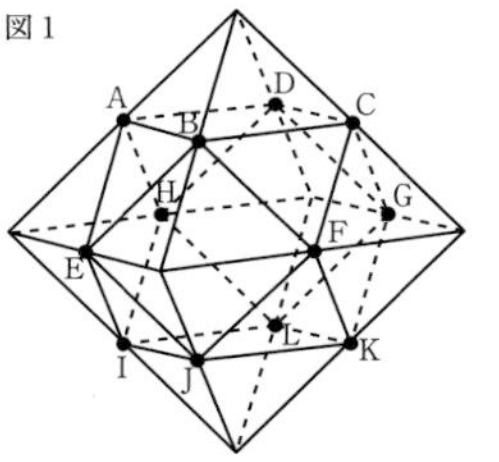

図２

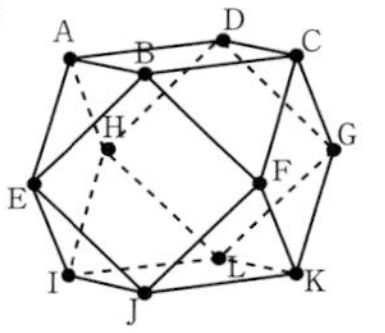

図１の正八面体を、正方形ABCDをふくむ平面、正方形BEJFをふくむ平面、正方形CFKGをふくむ平面、正方形をDGLHふくむ平面、正方形AEIHをふくむ平面、正方形IJKLをふくむ平面でそれぞれ切る。このときできた正四角すいをそれぞれ取り去り、残った立体が図2である。

図2の立体について、次の各問いに答えなさい。

（東京学芸大附属）

(1)　この立体の体積を求めなさい。

(2)　辺ABの中点をM、辺LKの中点をNとするとき、線分MNの長さを求めなさい。

(3)　この立体を△LKGを下にして水平な面においたとき、この立体の高さを求めなさい。

<考え方>

(1)　相似な立体の体積比を利用します。

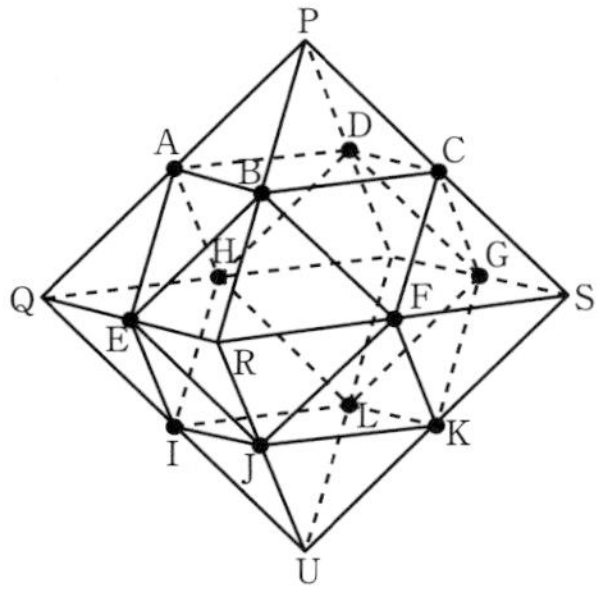

(2)　M、Nを通る平面を描いて考えます。

(3)　もとの正八面体の平行な２つの面の距離として考えます。

<解き方>

(1)　右上図の立体P-QRSTは１辺が4の正四角すいで、高さは正方形PQUSの対角線の$\frac{1}{2}$の$2\sqrt{2}$だから、その体積は、

$\frac{1}{3}\times4\times4\times2\sqrt{2}=\frac{32\sqrt{2}}{3}$(＝Vとする)

取り去った正四角すいは、これと相似で相似比は$\frac{1}{2}$だから、体積は$\left(\frac{1}{2}\right)^3=\frac{1}{8}$

よって、求める図2の立体の体積は、

$V\times2-V\times\frac{1}{8}\times6=\frac{5}{4}V=\boldsymbol{\frac{40\sqrt{2}}{3}}$

(2)　右図のように、M、Nは面PEUG上にあり、四角形PEUGは1辺の長さが$2\sqrt{3}$のひし形である。ここで、M、Nはそれぞれ辺PE、GUの中点であるから、MN＝EU＝**$2\sqrt{3}$**

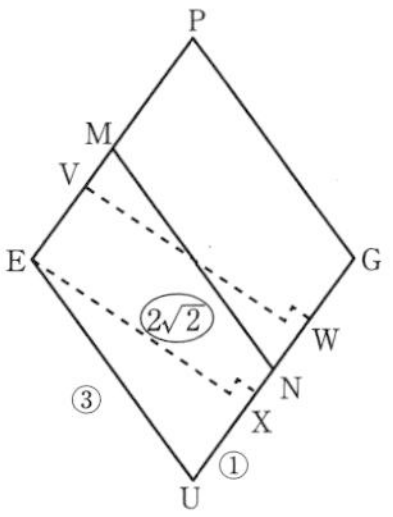

(3)　面PQRと面STUの重心を、それぞれ、V、Wとする。点Vは辺PE上にあり、辺PEを2:1に分ける。また、点Wは辺GU上にあり、辺GUを1:2に分ける。求める高さは、正八面体PQRSTUの面STUを底面と見たときの高さと等しいから、線分VWの長さがこれにあたる。右図において、VW＝EXで、EU：UX＝3：1よりEX＝$\frac{2\sqrt{2}}{3}$EU

よって、VW＝$\frac{2\sqrt{2}}{3}\times2\sqrt{3}=\boldsymbol{\frac{4\sqrt{6}}{3}}$

立体は苦手という人も多いようですが、これまで空間図形を学習する機会が少なかったこともあって、練習不足という面が大きいように思います。上で見てきたように、相似と三平方の定理を活用する問題が中心ですから、とにかく典型的な問題をしっかり解いていくことが大切です。

また、空間図形の問題を考えるとき、問題を立体のまま考えるのではなく、問題２の解き方のように平面図形に置き換えて考えることがコツになりますから、ぜひ参考にしてください。

数学 楽しみmath 数学！DX

空間図形問題の解法のコツ 平面図形を見つけよう！

登木 隆司先生
早稲田アカデミー　城北ブロック ブロック長
兼 池袋校校長

今月は、空間図形について学習してまいります。最初に立体の辺上を点が移動する問題です。

問題1

右の図に示した立体ABC-DEFは、AC＝12cm、BC＝5cm、CF＝6cm、∠ACB＝90°で側面がすべて長方形の三角柱である。

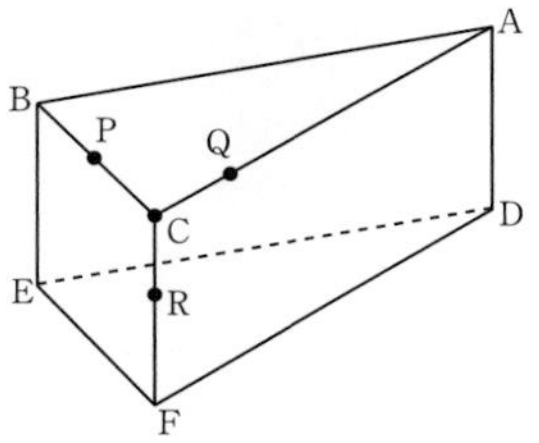

点Pは、頂点Cを出発し、毎秒2cmの速さで、辺CB、BA上をC、B、Aの順に動き、頂点Aに到着し、止まる。

点Qは、点Pが頂点Cを出発するのと同時に頂点Cを出発し、毎秒2cmの速さで、辺CA、AD上をC、A、Dの順に動き、頂点Dに到着し、止まる。

点Rは、点Pが頂点Cを出発するのと同時に頂点Cを出発し、毎秒2cmの速さで、辺CF、FD上をC、F、Dの順に動き、頂点Dに到着し、止まる。

点Pが頂点Cを出発してからの時間をx秒とするとき、次の各問に答えよ。　（都立・新宿）

(1)　x＝1のとき、点Dと点Pを結んだ場合を考える。線分DPの長さは何cmか。

(2)　$3<x<6$ のとき、点Cと点P、点Cと点Q、点Cと点R、点Pと点Q、点Pと点R、点Qと点Rをそれぞれ結んだ場合を考える。

三角すいC-PQRの体積が$\frac{400}{13}$cm^{3}となる場合が2回ある。2回目に三角すいC-PQRの体積が$\frac{400}{13}$cm^{3}となるのは、3点P、Q、Rが頂点Cを出発してから何秒後か。

<解き方>

(1)　点Pから辺EFに引いた垂線と辺EFとの交点をP′とすると、x＝1のとき、P′F＝CP＝2、また、線分PP′は面DEFと垂直だから、PP′⊥P′D。これより、△DPP′と△DP′Fで三平方の定理より、

$DP^2=PP'^2+DP'^2=PP'^2+P'F^2+FD^2=6^2+2^2+12^2=184$

よって、**DP＝$2\sqrt{46}$(cm)**

(2)　$3<x<6$ のとき、右図のように点Pは辺AB上にあり、点Qは辺AC上、点Rは辺DF上にある。このとき、AP＝$18-2x$、CQ＝$2x$である。

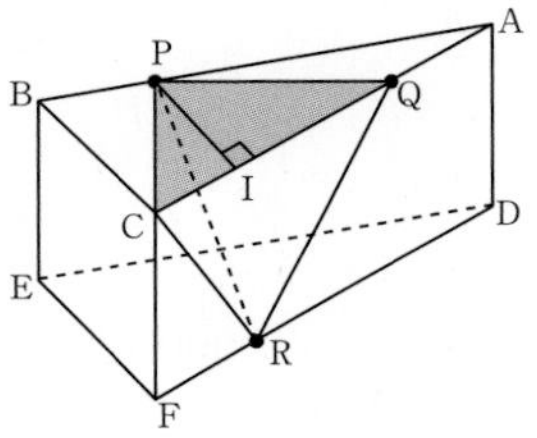

点Pから辺ACに引いた垂線と辺ACとの交点をＩと

入試説明会

④11月16日（土）　14:00～

⑤11月23日（土）　10:00～

※対象：保護者および受験生
※予約不要。※上履きと筆記用具をご持参ください。
※開始30分前より学校紹介ビデオを流します。
※説明会後、ご希望の方に個別相談も行っています。
※個別相談の整理券は説明会開始前に配布いたします。
※**11月30日（土）** 14：00～、個別相談だけを行います。
※車でのご来校は固くお断りいたします。

平成26年度　入試予定

	推薦入試		一般入試	
募集人員	男女150名		男女270名	
コース	特進コース（30名）	普通コース（120名）	特進コース（50名）	普通コース（220名）
試験日	1月22日（水）		2月10日（月）	
選抜方法	推薦書・調査書・作文・面接		調査書・学科試験（国・数・英） 必要と認められる者のみ診断書 面接（第一志望者）	

錦城高等学校 男女共学

〒187-0001 東京都小平市大沼町5-3-7 TEL 042-341-0741
http://www3.ocn.ne.jp/~kinjo

英語で話そう！

川村 宏一先生
早稲田アカデミー　教務部中学課
上席専門職

朝がちょっぴり苦手な中学３年生のサマンサは、父（マイケル）と母（ローズ）、弟（ダニエル）との４人家族。

今日もお母さんに起こしてもらったサマンサが、のんびりと制服に着替え、リビングへ行くと、父マイケルが新聞を読みながら朝食をとっていました。弟のマイケルは学校の図書館で読みたい本があるようで、すでに家を出ていました。

2013年10月28日（月）
AM6：50　朝食の時間

Samantha：Good morning, Daddy.
サマンサ　：パパ、おはよう。

Michael　：Good morning, Samantha.
マイケル　：おはよう、サマンサ。

Samantha：Mommy, may I have some water please?
Daddy, is there Daniel?
サマンサ　：ママ、お水を１杯ちょうだい。…①
パパ、ダニエルは？

Michael　：He has already gone to school.
マイケル　：もう学校に行ってしまったよ。…②

Samantha：Already?
サマンサ　：ええ、もう !?

Rose　：Don't be late for school. Samantha.
Breakfast is ready.
ローズ　：サマンサも学校へ遅れてはダメよ。…③
朝ごはんの準備ができたわよ。

Samantha：All right.
サマンサ　：はーい。

今回学習するフレーズ

解説①　May I ～?	相手に許可を求めたり、お願いをしたりする表現 (ex) May I use your phone?「電話を使ってもいいですか。」 May I have your name please?「お名前を教えてくれませんか。」
解説②　have already gone	ある場所に行ってしまった⇒もうここにはいないということ (ex) She has already gone to America.「彼女はアメリカに行ってしまった。」
解説③　Don't ～	相手に禁止だと伝える表現 Don't + 動詞の原形 (ex) Don't play here.「ここで遊んじゃダメだよ。」 Don't be afraid.「怖がらないで。」

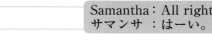

と同時に文章の構成そのものを学習すると、格段に読みやすくなります。

ちなみに、先ほどの文の次にはこんな文章が続きます。

First of all, the amount and speed of economic exchange between different nations has increased dramatically. This has created a global economy where trade and finances are ever expanding. Secondly, technological advances in communication.

First of all とは「まず初めに」ということですから、最初の文中の in several ways「いくつかの点」を具体的に説明しているんですね。さらに Secondly とは「第2に」ということですから、2つ目の具体的説明が続くということがわかります。

加藤：私も授業で言い換え表現、対比表現を導く目印の単語を教えています。これを知っておくと、「ここは言い換えているから前の文と同じ内容だな」「この語が出てきたということは対比だ」というように内容を予測することもできるようになります。

青葉：さすが加藤先生ですね。今回は「世界は次第にいくつかの点で相互依存するようになってきた」⇒「まず初めに…。第2に…。」という抽象から具体という流れだったわけですが、予測の段階においてはさまざまなことが考えられますよ。

世界大戦、民族紛争、領土問題、貿易摩擦、あるいはTPPなども国際関係で扱われる内容ですね。「1970年代以降の国際関係、例えば…」というように言い換え表現が出てきたらその先を予測しながら読んでいけるようにしたいものです。

文法に関する違い①

青葉：ここで文法に関する中学英語と高校英語の違いを紹介していきましょう。加藤先生はなにか高校生に英語を教えるときに注意していることはありますか。

加藤：例えば to 不定詞に関してですが、decide ＋ to ＋動詞の原形／want ＋ to ＋動詞の原形／hope ＋ to ＋動詞の原形…のように「動詞の後ろに to 不定詞」を取るものがありますよね。

中学英語ではセットで覚えた人も多いはずですが、高校英語ではさらに多くの動詞＋ to 不定詞を覚えなければなりません。参考書を開くと、20〜30個の「動詞の後ろに to 不定詞」の表現が書かれていて、授業などで一覧を提示すると、「これ全部覚えるのですか…」という重たい雰囲気になります。確かに、なんでもかんでも覚えるというのは効率が悪いですよね。私の場合は、to 不定詞の to に着目して考えていきます。

①不定詞の to は go to the park（公園へ行く）、turn to the left（左へ曲がる）という「〜へ（向かう）」という意味を持つ単語である。

↓

②この to に動詞の原形をつけるということは、「〜するという動作へ向かって行く」という未来のことを述べる表現であるという根本的な意味がわかる。

↓

③ decide は「決心する」という意味があるが、「決心する」というのは「これから（未来に）やること」に関して「決心する」ということなので、そのうしろに未来のことを述べる表現 to 不定詞は相性がよい。つまり「（これから）〜することを決心する」と考える。

青葉：これはわかりやすいですね。暗記ばかりでは確かに大変です。高校ではそれぞれの科目を広く深く学習していきますからね。

文法に関する違い②

青葉：では私は分詞に関して紹介したいと思います。過去分詞という言葉を学習したことはみなさんもあるかと思います。have ＋過去分詞で現在完了、be ＋過去分詞で受動態（受け身）と覚えている人もいるでしょう。この分詞を私の授業では「分詞は形容詞と同じだ」と考えていきます。次の２つの例文を見てください。

（a）The window is clean.

（b）The window is broken.

（a）の clean は形容詞として The window がどんな状態かを説明しています。（b）の broken は過去分詞と呼ばれ、呼び名こそ異なりますが、働きは The window がどんな状態かを説明しており、形容詞と同じ働きをしています。

加藤：なるほど。過去に学習したこととつながっています。新たな文法用語を覚えていくのではなく、過去に学習したものとの共通点を見つけ出し、つなげていくような学習をしていかないと、とても追いつけないですよね。

今回は加藤先生と青葉先生がさまざまな中学英語と高校英語の違いを見てきました。いかがでしたか。単語も多く、内容も難しい。しかし、しっかりと学習に取り組み、正しい解法を身につければ手に負えないということはありません。ぜひ頑張ってください。

高校進学、そのさき

久津輪 直先生

早稲田アカデミー　サクセス18ブロック
副ブロック長　兼　Success18渋谷校校長

開成・早慶附属合格者を多数輩出してきた早稲田アカデミー中学部が誇る英語講師。綿密な学習計画立案と学習指導、他科目講師とチームとなって連携指導する卓越した統率力を高校部門Success18渋谷校校長として着任後も遺憾なく発揮。週末は現役の開成必勝クラス担当者として、その辣腕をふるっている。

加藤 寛士先生
早稲田アカデミーSuccess18新百合ヶ丘校校長。

東大必勝クラス責任者。英語の本質を伝える授業を通じて生徒の成績・やる気を向上させると共に、緻密な学習管理・進路指導で生徒や保護者から圧倒的な信頼を誇る。中学部の必勝コースでも筑駒クラスを担当し、未来の東大生を育成している。

青葉 憲一先生
早稲田アカデミーSuccess18所沢校校長。

英語の「なぜ」を常に追求する授業で多くの生徒から信頼を得ている。明確な解答根拠を示す板書にも定評があり毎年難関大合格者を輩出。校舎での通常授業のほか国立大必勝、難関大必勝講座にて全校舎の生徒と向き合い、合格への道を切り開いている。

　みなさん、こんにちは。早稲田アカデミー大学受験部門Success18の久津輪直といいます。いよいよ高校入試まで２～３カ月という時期になりました。精一杯の努力で、満足のいく高校入試を成し遂げてください。

　さて、今回取りあげたいお話は、高校入試が終わり、その先のお話。みなさんにとって希望に満ちた未来のお話です。これから３回の連載で、高校での学習について、英語・数学・理科・社会について大学受験部門の校舎責任者たちに語ってもらいます。第１回目は、「英語について」です。

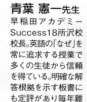

科目名称

加藤 寛士先生（以下、加藤）：中学と高校の英語学習に関して、その中身に触れる前に、まず科目としての増加がありますよね。

青葉 憲一先生（以下、青葉）：そうですね。中学では「英語」という授業の名称だったものが高校では「英語Ⅰ」のほか、「英語表現Ⅰ」あるいは「オーラル・コミュニケーション」「ライティング」など、細分化されていますね。

加藤：定期試験もその名称のぶんだけあるので大変ですよね。「英語Ⅰ」と「オーラル・コミュニケーション」という２つの科目が授業としてある場合には、２種類の定期試験を受けなければならない。学習指導要領も改訂され、英語の重要性もより高まっています。

単語量

青葉：そうですね。科目数が増加するということは、学習内容も増加するということです。その学習指導要領にも書いてありますが、単語数も中学英語と高校英語では異なります。中学英語で扱う単語数は1200語、高校英語ではさらに1800語（つまり中高合わせて3000語）となっていますね。同じ３年間でも覚える単語数は単純に1.5倍にもなります。

加藤：1200語・1800語という数字が出ましたが、忘れてはいけないことは、これらの単語数は最低ラインであり、難関大学に挑戦するとなれば実際に覚えなければならない単語はもっと多いと言えます。

文章内容と文体

青葉：文章の内容も高校生ですから難しくなるのは当然です。しかも大学では英語の論文を読んだり、ときには英語で発表を行ったりするため、かなりの英語力が必要とされるわけです。例えば、以下の１文を見てください。ある文章の第１文です。

Since the late 1970s, the world has increasingly become interdependent in several ways.

加藤：辞書でわからない単語を引けば訳すのは難しくないですよね。日本語訳は「1970年代後半から、世界は次第にいくつかの点で相互依存するようになってきた」という感じでしょうか。

青葉：その通りです。注目してもらいたいのはその内容です。「1970年代以降の国際関係」を題材にしており、普段あまり考えもしない題材で、難しく感じてしまうのではないでしょうか。

加藤：確かに。「国際関係大好き!!」なんて中学生や高校生にはほとんど出会いません。中学英語で扱われる文章は「物語文」や「会話文」が多く見られると思いますが、高校英語では圧倒的に「論説文（説明文）」が多いですからね。このような書き出しで始まる文章はよく見ますね。

青葉：「論説文」と言うと難しい印象を受けるかと思います。確かに使われている単語は物語文や会話文に比べ難しいかもしれません。

　しかし「論説文」では書き手は読み手に対して物事をわかりやすく説明していくため、言い換え表現、対比表現、因果関係などを用いて読み手が理解しやすいように文章が構成されています。ですから、文章の内容を捕らえること

みんなの数学広場

TEXT BY かずはじめ
数学を子どもたちに、楽しく、わかりやすく、使ってもらえるように日夜研究している。
好きな言葉は、"笑う門には福来る"。

問題編

初級〜上級までの各問題に
生徒たちが答えています。
どの生徒が正しい答えを
言っているか当ててみよう。
もちろん、当てずっぽうじゃなく、
実際に問題を解いてみてね。

答えは次のページ

上級

私のこの前のテスト、偏差値が 60 でした。
これって、どういう意味？

A

答えは…
成績の上から数えて
約26%
の位置にいるってことだね。

B

答えは…
そうじゃなくて
約16%
の位置にいるのよ。

C

答えは…
もっと上だよ。
約6%
の位置にいることだよ。

中級

では、テストの成績の偏差値の“偏差”という言葉は、どういう意味ですか？

A

答えは…

（自分の点数）ー（50点）

のことです。

B

答えは…

（自分の点数）ー（平均点）

のことだね。

C

答えは…

（自分の点数）ー（最も人数の多い点数）

が正解でしょ。

初級

the mean、the average、the advantage
この３つの英語のなかで「平均」の意味で使わないのはどれ？

A

答えは…

the mean

確かそうだった気がするな。

B

答えは…

the average

別の意味じゃなかったっけ？

C

答えは…

the advantage

テストで間違ったことがある気がする。

みんなの数学広場

解答編

上級

正解は **B**

偏差値とは、「正規分布」というグラフからできています。
このグラフは難しく、高校２年生で学習します。
形は富士山のような形です。
偏差値とは

$\{(\text{自分の点数})-(\text{平均点})\}\div(\text{標準偏差})\times 10+50$

ここでの標準偏差とは、このテストのばらつきを表します。
最後に 50 を足すのは、自分が平均点を獲得すると０点になるのを防ぐためです。
偏差値 70 は、上から約 2.3%の位置
偏差値 65 は、上から約 6.7%の位置
偏差値 60 は、上から約 16%の位置
偏差値 55 は、上から約 30.9%の位置
偏差値 50 は、上から 50%の位置、つまり平均です。

このように、上からの人数が等間隔になっていません。偏差値は、入試と同じ、偏差値があがればあがるほど、狭き門になっています。

上から数えて、約 26%は
偏差値 56.5 くらいだよ。

上から数えて、約6%は、偏差値
65.5 くらいだからもっと高いよ。

中級

正解は **B**

偏差とは、（自分の点数）－（平均点）のことです。

ですから、自分が平均点を獲得すると、偏差は0点になります。

平均点以下ならば偏差はマイナス、平均点以上ならば偏差はプラスになります。

A

平均点が 50 点以上の問題だったら、偏差が悪くなりやすいね。

B

C

最も人数の多い点数は最頻値（モード）と言う。つまり流行のことだよ。

初級

正解は **C**

「平均」という言葉を使うときは、一般的に、「大体」とか、数字を求めない平均を表す the average を使いますが、数学など数字で平均値を求めるときは the mean を使います。

the advantage は、the advantage of ～（～の有利な点）などとして使います。

ですから「平均」の意味はありません。

A

数学に関してはそういう意味があるんだよ。

B

この言葉はまさに平均だよ。

C

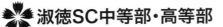

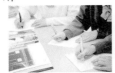

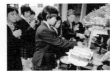

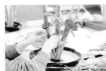

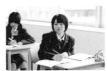

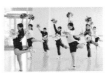

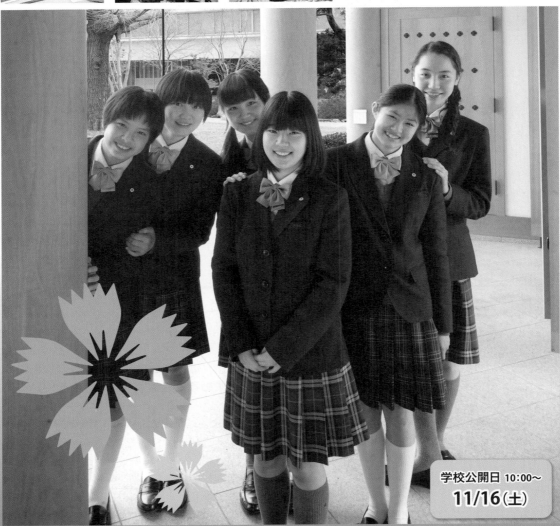

していきたい

先輩に聞け！

大学ナビゲーター

東京外国語大学

国際社会学部北アメリカ地域2年

比嘉《ひか》 朝朋《ともあき》さん

東京外大ならではの「世界教養プログラム」

——東京外大を志望した理由を教えてください。

「文学や外国語について興味があったのですが、受験生当時は志望学部を絞ることができなかったんです。東京外大では1・2年次のカリキュラムとして多様な分野の基礎が学べる『世界教養プログラム』が用意されています。数ある教養科目のなかから自分の興味のあるものを選択でき、その学習を通して3年次からの専攻を決められるものなので、専攻したい分野が決まっていなかった自分にはぴったりでした。」

——なぜ文学や外国語に興味があったのですか。

「それぞれに魅力があるのですが、文学は、自分が日ごろ持っている問題意識や悩みを本のなかに見つけることができ、それをそ

【苦手意識を持たないことが大切】

得意不得意科目はとくになく、全体的にバランスのいい成績でした。自分が苦手意識を持ちそうな問題が出てきても、苦手だという気持ちを持たないように気をつけ、まずは問題を解いてみるという姿勢を心がけていました。どんな問題も避けずに取り組む姿勢を持っていたおかげで、そこまで苦手な分野をつくることなく受験に臨むことができましたし、偏りのない成績にもつながりました。

【押さえるべきポイントから暗記する】

高校受験では社会や理科の暗記科目は、絶対に押さえなくてはならないポイントがある程度決まっていると思います。なかなか覚えられないこともありましたが、そこは覚えれば確実に点につながるので、「覚えなくては損だ」という気持ちで頑張って根気強く繰り返し暗記していました。

東京外大府中キャンパス

世界各国の本がそろう附属図書館

のまま学問として修めることができる点、外国語は、学べば学ぶほど外国語の本を読むことができ、外国の世界に触れることができる点に魅力を感じます。外国語を学んで自分の知らない新しい世界をどんどん知りたいと思っています。」

――文学が好きということですが、受験生のみなさんにおすすめの本はありますか。

「内田樹さんの『「おじさん」的思考』というエッセイ集です。中学生のみなさんには少し難しいかもしれませんが、漫画などの簡単な本を読むだけでなくニーチェやドストエフスキーをはじめとする世界の作家たちの本を読んで、世界の別の側面を知ろうということが書かれています。この本がきっかけで読書が好きになり文学の世界に興味を持ったので、私にとっては偉大な書き手です。内田さんの『寝ながら学べる構造主義』という本もおすすめですね。」

――いままで受けた講義のなかで、とくに印象に残っている講義はなんですか。

「1年生の後期に受けた大川正彦教授の『政治学入門』です。この講義では『平等論』という本を題材に、平等とはなにかということについて議論をしました。議論をするなかで新たな疑問点が生まれたら、教授と学生がともに考え、意見をぶつけあうということを繰り返していたので、とても活気のある講義でした。さらに、まとめとして書いた論文を教授が添削指導してくださったりと、大教室での一方的な講義が多い1年次に、双方向型の講義を体験でき、研究するとはどういうことかを少し学べた気がするので、すごく印象に残っています。」

――東京外大の特徴を教えてください。

「東京外大では地域に対応する形で専攻する言語が決まっています。私の専攻する北アメリカ地域は英語圏なので英語をおもに学んでいます。専攻している地域によって同じ講義を受けることも多いので、中学・高校でのクラスのようなアットホームな雰囲気を味わえます。外語祭（文化祭）では、各地域ごとに料理をつくり出店します。その地域で食べられている料理を自分たちで調べ、企画も準備も行います。ときには徹夜をして準備をしたこともありましたが、外語祭を通してみんなとの距離が一気に縮まったのでいい思い出になっています。ちなみに北アメリカ地域では、ニューヨークチーズケーキとクラムチャウダーをつくりました。

　また、4階建ての図書館も特徴的なつくりです。日本語や英語の本が多いですが、4階はすべて外国語の本となっていて、世界各国の言語の本がそろっています。」

――これから学びたいことはなんですか。

「国際社会学部なのですが、文学も好きなので、社会的な問題を文学を通して論じていきたいです。例えば、アメリカ文学には人種間の対立などの社会的な問題が描かれた作品が多いので、そういう作品から問題を読みとり、研究したいと考えています。」

文学作品を通して社会的な問題を研究

【学校と塾の両立】

学校の授業を基礎として、塾では発展的な内容を学んでいました。学校の授業なくして塾の授業はないと思っていたので、学校の授業もしっかり受けていました。

学校の先生も塾の先生も、多くの受験生を見てきているので、そんな先生方を信頼して、アドバイスをしてもらったときは積極的に取り入れました。つい自分の考えだけで勉強を進めてしまいがちですが、信頼できる先生を見つけて、その先生の教えを取り入れることも大切だと思います。

【受験生へのメッセージ】

受験勉強を通して中学の範囲を勉強し直すことで、それが高校の勉強の基礎になります。志望校に合格することはもちろん大切ですが、合格するためだけにその場しのぎの勉強をしていては、高校に入ってから苦労してしまいます。ですから、合否だけにとらわれるのではなく、先を見据えてしっかり勉強してください。

また、勉強に対する意識が高い高校に入れば、友だちに刺激されることも多くなると思います。私自身周りの友だちと切磋琢磨しあい、気づいたら学力が引きあげられていたという経験をしたので、受験勉強を頑張って少しでも意識の高い高校に入ることをおすすめします。

そして、「朝型」の生活をすることも大切です。受験直前期の3カ月間は、夜は11時に寝て、朝は5時に起きるという生活を送っていました。寒い時期なので最初の1カ月は大変でしたが、続けていれば慣れるときがきます。その生活を続けていたおかげで当日もベストな体調で臨むことができたので、みなさんもそろそろ「朝型」の生活に変えていきましょう。

あれも日本語　これも日本語

第46回

鳥にちなむ慣用句 下

鳥にちなむ慣用句の続きだ。「鶏群《けいぐん》の一鶴《いっかく》」はニワトリの群れに1羽のツルがいるという意味だけど、平凡な人々のなかに優れた人が1人いる、という意味で使われる。

「ツルの一声《ひとこえ》」。ツルは高く一声鳴くことから、権威や権力のある人の一言が物事を決める、という意味で使う。「意見が分かれていたけど、部長のツルの一声で決定した」なんてふうに使うよ。

「鶴首《かくしゅ》」は文字通り、ツルの首が長いことから、首を長くして待つことだ。「ぼくは合格の知らせを鶴首して待った」なんて使うとかっこいいかも。

ハトはまん丸の目をしているので、びっくりした顔を表わすのに「ハトが豆鉄砲を食ったよう」と言う。さらに略して「ハト豆」とも言うよ。例えば、「どうした？　ハト豆みたいな顔して」とかね。

ハトは平和のシンボルとされていて、逆にタカは攻撃的な鳥というわけで、平和主義、あるいは穏やかに物事を解決しようとする人を「ハト派」。

反対につねに攻撃的、好戦的な人を「タカ派」と呼んだりする。

「カモネギ」は「カモがネギを背負《しょ》って来る」の略。カモは秋に北から来て、春に北に帰る渡り鳥。肉がおいしく、とくにネギといっしょに煮込んだカモナベはおいしい。

そこから、格好の獲物《えもの》が向こうから「どうぞ食べてください」とばかりに飛び込んでくる様子を言うんだ。

キジは日本の国鳥で食用。高く「ケーン」と鳴くんだけど、狩猟の際に鳴かなければ、見つからず撃たれなかったものを、という意味で、「キジも鳴かずば撃たれまい」という言葉がある。転じて、余計なことを言わなければ、災いを招かなくてすんだのに、という意味で使われる。

「トンビに油揚げをさらわれる」。トンビはトビともいう動きの早い鳥だ。急にやってきたものに、自分の獲物をさっと取られてしまうことを言うんだ。

そのトンビがタカを生むはずはないけど、平凡な人の子どもが優秀だったりすると、まるで「トンビがタカを生んだようだ」などと言う。

鳥にちなむ慣用句、たくさんあるね。

ミステリーハンターQの 歴男歴女 養成講座

ミステリーハンターQ
（略してMQ）

米テキサス州出身。某有名エジプト学者の弟子。1980年代より気鋭の考古学者として注目されつつあるが本名はだれも知らない。日本の歴史について探る画期的な著書『歴史を掘る』の発刊準備を進めている。

春日 静

中学1年生。カバンのなかにはつねに、読みかけの歴史小説が入っている根っからの歴女。あこがれは坂本龍馬。特技は年号の暗記のための語呂合わせを作ること。好きな芸能人は福山雅治。

山本 勇

中学3年生。幼稚園のころにテレビの大河ドラマを見て、歴史にはまる。将来は大河ドラマに出たいと思っている。あこがれは織田信長。最近のマイブームは仏像鑑賞。好きな芸能人はみうらじゅん。

平安遷都

来年は、794年に桓武天皇が行った平安遷都から1220年。平城京との違いや遷都に踏みきった理由など、きちんと答えられるかな。

勇 今年もあとわずか。来年は平安遷都から１２２０年なんだね。

静 ７９４年、桓武天皇がいまの京都にみやこを置いたのね。

MQ ７１０年にいまの奈良市、平城京に遷都し、奈良時代が花開いたんだけど、奈良時代の天皇は天武天皇系だった。桓武天皇は天智天皇系ということもあって、７８４年に長岡京に遷都をしたんだ。

勇 長岡京はわずか10年だったんだよね。

MQ 長岡京では不祥事があったりして、天皇は人心の一新を図る意味で再度の遷都に踏みきったんだね。

静 平城京とどっちが大きかったの？

MQ 平安京は東西が４・２㎞、南北が４・95㎞。平城京よりも南北がやや長かった。平城京同様、唐の長安をまねして、碁盤の目のような街作りが行われた。

勇 桓武天皇はどんな政治をしようとしたの？

MQ 平城京では天武天皇系の天皇を支えてきた貴族や寺院の勢力が強かったこともあって、桓武天皇としては、それらを排除しようとした。さらに、地方振興策や東北平定、国司の交代に際して不正がないように、勘解由使《かげゆし》を設置するなどの積極的な政策を行ったんだ。仏教界では唐に留学していた最澄と空海が帰国して、奈良仏教を批判し、それぞれ天台宗と真言宗を開いた。

静 平安京はずっと日本の首都だったの？

MQ 平清盛が１１８０年に福原に1年間だけ遷都した時期を除くと、明治維新の翌年の１８６９年に明治天皇が東京に移るまで、天皇の居住地だった。

とくに鎌倉幕府ができる12世紀末までは、政治、経済、文化の中心として栄えた。その４００年間を平安時代という。

勇 平安時代というと、藤原氏の摂関政治っていうイメージだけど。

MQ そうだね。荘園制度が一般化し、藤原氏が天皇の外戚になって政治を独占し、神社仏閣が栄えたことも特徴だね。

だけど、地方では荘園や領地を守るために武装した農民が出現し、やがて武士となり、貴族政治は行き詰まっていくんだ。

静 鎌倉時代になっても、京都は文化の中心だったのね。

MQ そうだ。戦国時代、安土桃山時代、さらには幕末も、文化だけではなく政治的にも京都は大きな役割を果たすんだよ。

城西大学付属川越高等学校
〒350-0822 埼玉県川越市山田東町1042
TEL: 049(224)5665 / FAX: 049(223)2371

教えてマナビー先生！

世界の先端技術

3D プリンター

立体をつくるプリンター 次に活躍する舞台は 国際宇宙ステーション

プロフィール

日本の某大学院を卒業後海外で研究者として働いていたが、和食が恋しくなり帰国。しかし科学に関する本を読んでいると食事をすることすら忘れてしまうという、自他ともに認める“科学オタク”。

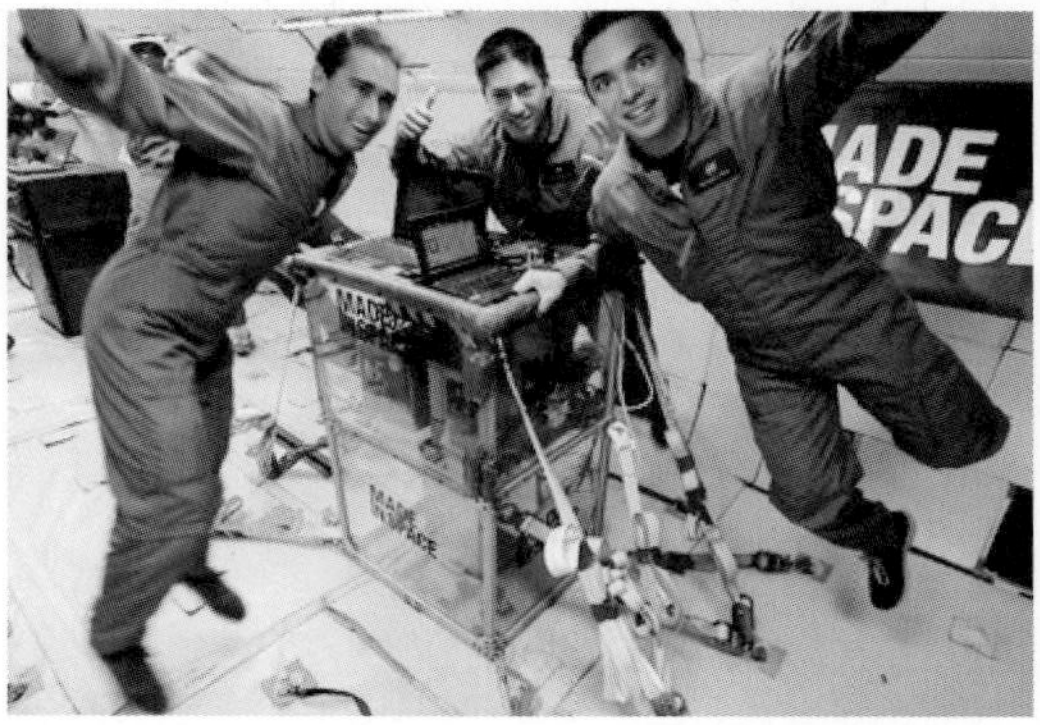

この夏、ISS持ち込みを前に、NASAと共同制作のMade in Spaceが微重力環境で3Dプリンターの作動テストを行った

今日紹介するのは３Dプリンターだ。普通、プリンターと言われているのは紙にインクで印刷するのだけれど、３Dプリンターでは立体を作ってしまうんだ。立体の情報を、コンピューターが薄い層にスライス（輪切りに）し、３Dプリンターがこのスライスを１枚１枚重ねて積み上げ、立体を作るんだ。スライスした厚さが立体ができたときの精度を決めることになるんだよ。

３Dプリンターができる前は、金属や樹脂を旋盤やフライス盤などの機械で削り出して作っていた。技術も装置も必要なので、一般の人が簡単に立体物を作ることはできなかったのだけれど、３Dプリンターのおかげでだれでも簡単に立体の造形物を作ることができるようになったんだ。材料はプラスチックが多いけれど、金属の粉をレーザーで固める方法も使われていて、いろいろな材料を使うことができるようになってきた。

NASAではこの３Dプリンターを国際宇宙ステーション(ISS)で使おうと研究している。昔、月に向かっていたアポロ13号の酸素タンクが爆発し、酸素が足りない危機に陥ったんだ。飛行士たちは地上の技術者と協力して、小さな宇宙船にある材料だけで、二酸化炭素フィルターなどを作製して切り抜けたんだ。

現在のISSでも多くの部品が使われている。アポロ13号の事故のような大きなトラブルは発生していないけれど、ときには部品が壊れることもある。部品の予備は用意しているけれど、すべての部品が用意されているわけではない。壊れた部品はロケットを飛ばして地表から運んでこなければならない。時間もお金もかかるよね。こんなときのためにISSにいながら３Dプリンターで、部品を作ってしまおうというわけだ。

製品の情報はデジタルデータで保管されていて、部品が壊れたときやなにかが必要になったときには、そのデータから作ってしまうことができるわけだ。便利だね。

重力のある地上で使うことが前提の３Dプリンターが、無重力の環境でうまく使えるか、いま、その取り組みの真っ最中。12月ごろに宇宙版３Dプリンター第１号をISSに送るそうだから、うまくいくと宇宙飛行士たちへのすばらしいクリスマスプレゼントになるね。

あたまをよくする健康

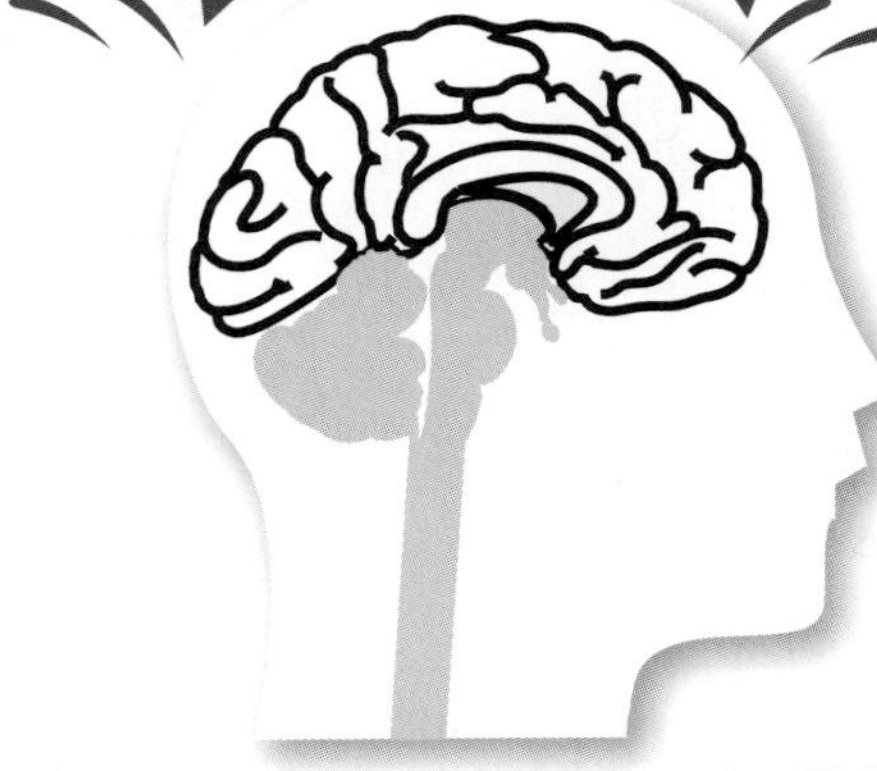

ナースであり
ママであり
いつも元気な
FUMIYOが
みなさんを
元気にします！

by FUMIYO

今月のテーマ

ノロウイルス

ハロー！　Fumiyoです。最近だいぶ寒くなってきましたが、みなさん風邪などひいていませんか？　〝体調管理を制す者は、受験も制す！〞と言っても言い過ぎではないくらい、冬は体調に気をつけなければならない季節です。

とくに風邪やインフルエンザなどの病気が流行りやすい季節ですが、「ノロウイルス」という病気も11月ごろより徐々に増え始め、12～１月に発生のピークを迎えます。感染性胃腸炎や食中毒を起こすウイルスとして知られているノロウイルスは、手や指、食品などを介して感染していきます。おもな症状は吐き気・嘔吐《おうと》・腹痛・下痢などで、吐しゃ物や排泄物にもウイルスが大量に含まれているため、適切な処理を行わないと手についたウイルスがいたるところに広がり二次感染が起こってしまいます。

ノロウイルスの二次感染を防ぐため、また、そのほかの病気にかからないためにも、体内にウイルスを取り込まないよう気をつけることが大切です。そのための予防ポイントを押さえ、それを習慣にすることで、病気知らずの健康な身体になりましょう。みなさん、思い出したときにこの合い言葉を口にしてみてください。

『あ・い・し・て・ます』！

さて、この『あ・い・し・て・ます』にはどんな意味があるのでしょうか。さっそく見てみましょう。

『あ』温かい食事を摂りましょう！

⇒ノロウイルスは熱を加えると元気がなくなります。できるだけ火を通した食事を取ることで、ノロウイルス感染を予防できます。

『い』いつも清潔なタオルを使いましょう！

⇒タオルに菌がついていた場合、タオルを使い回すとせっかく洗ったきれいな手にウイルスがつく恐れがあります。この時期はペーパータオルを使うのもいいですね。

『し』消毒をしましょう！

⇒やはり消毒は大切です。気になったときは、こまめに消毒をしましょう。ただ、ノロウイルスにはアルコール消毒は効果がないようですので、塩素系漂白剤を使いましょう。塩素系漂白剤は使用方法をしっかり確認してから使いましょう。

『て』手洗い・うがいの習慣をつけましょう！

⇒外出先から戻ったとき、トイレのあと、食事の前など、こまめに手洗い・うがいをしましょう。もちろん石けんをつけてしっかり洗ってくださいね。

『ます』マスクをしましょう！

⇒外出の際は、マスクをつけてウイルスを体内に取り込まないようにしましょう。

これらのポイントの頭文字を取った『あ・い・し・て・ます』が、この季節にオススメの合い言葉です。

現在、専門家の方々によって、ノロウイルスワクチンの開発が進められているそうです。私たちもワクチン接種ができるようになり、ノロウイルスにかからず安心して冬が過ごせるようになる日が来るかもしれません。

でも、病気をせず健康に過ごすための基本は、ウイルスや菌を体内に取り込まないようにする毎日の心がけです。手洗いとうがいをする習慣をつけて、病気の予防をしていきましょう。備えあれば憂いなしって言いますからね。

Q1　**ノロウイルスは、何度以上の熱で１分以上加熱すれば安心でしょうか？**

①65℃　②75℃　③85℃

正解は、③の85℃です。
85℃以上で１分以上加熱するとウイルスが死滅します。ちなみに食材の中心が85℃以上にならなければならないので、熱はなかまでしっかり加えましょう。

Q2　**ノロウイルスの潜伏期間（感染から発症まで）はどのくらいでしょう？**

①12～24時間　②24～48時間　③36～60時間

正解は、②の24～48時間です。
発症後は、通常は症状が数日続いたあと、回復していきます。回復してもウイルスはしばらく体内に残っているので、排泄物には気をつけましょう。

Success News

ニュースを入手しろ!!

サクニュー!!

産経新聞編集委員
大野 敏明

▶PHOTO　打ち上げられた国産の新型固体燃料ロケット「イプシロン」１号機＝９月14日午後２時、鹿児島県肝付町
時事撮影日:2013-09-14

今月のキーワード
イプシロン

国産の新型ロケット「イプシロン」の1号機が９月、鹿児島県の内之浦宇宙空間観測所から打ち上げられ、搭載していた惑星観測衛星「スプリントＡ」を予定軌道に乗せることに成功しました。

国産の新型ロケットの打ち上げ成功は「Ｈ２Ａ」以来12年ぶりです。

これまでは、人工衛星を搭載できる国産ロケットは「Ｈ２Ａ」とその増強型の「Ｈ２Ｂ」でしたが、いずれも液体燃料を使う大型機でした。

「Ｈ２Ａ」は全長が53m、「Ｈ２Ｂ」は57mあり、打ち上げ費用も１回につき100億～150億円かかりました。

「イプシロン」は固体燃料を搭載、全長が24.4m、重さが91t、打ち上げ費用を38億円に抑えることに成功しました。

この結果、日本は大型の衛星に加えて小型の衛星を低コストで打ち上げることができるようになり、世界各国から各種の衛星の打ち上げの受注をめざし、商業衛星打ち上げ市場へ参入することになります。

日本のロケット開発の歴史は1955年、「ロケット開発の父」と言われた糸川英夫博士による「ペンシルロケット」の発射実験が成功したのが始まりです。「ペンシルロケット」は長さわずか23㎝でした。その後、「κ（カッパ）」ロケットが高層の大気の観測に成功、1970年には「λ（ラムダ）」ロケットが人工衛星「おおすみ」の打ち上げに成功しました。さらに「μ（ミュー）」ロケットや「Ｈ２Ａ」ロケットが出現し、2009年には「Ｈ２Ｂ」ロケットが、国際宇宙ステーションに物資を輸送する無人補給船「こうのとり」の打ち上げに成功しています。

「イプシロン」は今回、木星や金星を観測する宇宙望遠鏡を搭載した衛星を搭載しましたが、こうした科学衛星の打ち上げは小型ロケットが適しています。

小型衛星の需要はアジアをはじめとする新興国に多く、今回の打ち上げ成功は、こうした国々からも注目されています。

日本以外でロケット打ち上げ能力のある国は、ロシア、中国、アメリカ、欧州、イラン、インド、韓国など10カ国・地域です。ロケットは軍事転用が可能なこともあって、もっぱら軍事的な開発に力を入れている国もあります。

ちなみに「イプシロン」とは、ギリシャ文字の「Ｅ」のギリシャ語読みです。

かつての「κ（カッパ）」、「λ（ラムダ）」、「μ（ミュー）」も同じです。

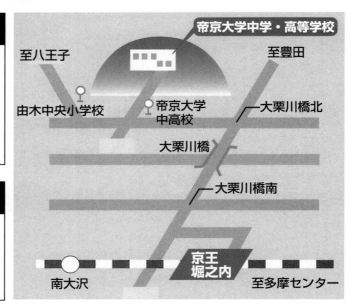

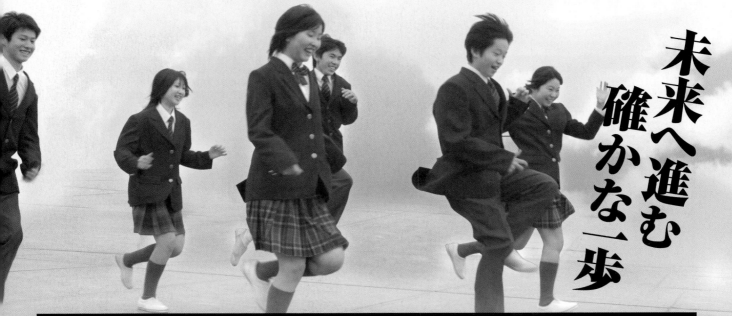

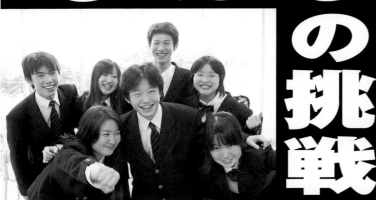

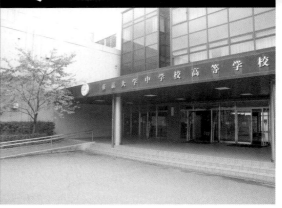

世界の途上国で頑張る日本人の活躍を体感しよう

『世界を救う７人の日本人　国際貢献の教科書』

２０１０年までＮＨＫで放送されていた『週刊こどもニュース』や、最近はニュース解説番組、選挙特番などでおなじみの池上彰さんが、「国際貢献」の現場で活躍する日本人にインタビューした１冊が、この『世界を救う７人の教科書』だ。

「世界を救う」なんて大げさな感じがするかもしれない。でも、決して大げさではなく、さまざまな分野で、彼らの働きが、いつか世界的に実を結ぶ可能性がある、そんな活躍をしている人々が紹介されている。

登場するのは７人。それぞれ、「水」「復興支援」「命」「食料」「教育」「経済」「国際協力」の問題に取り組んでいる。

みんなは「国際貢献」と聞いて、どんなことを想像するだろうか。アジアやアフリカの貧しい地域に支援金や食料、物資などを送るというのが一番イメージしやすい「国際貢献」じゃないだろうか。

でも、ここに登場する人々は、それだけではなく、現地のニーズに合わせて、その国、土地に必要な仕組みづくり、人材育成などをいっしょに行っている。

それこそが欧米などの先進国との違いで、日本の国際貢献の強みだという。

また、彼らは「国際貢献」ではなく、「国際協力」という言葉を使っている。なぜなら「世界はすでにグローバル化が進んでいる。だから、先進国から途上国への一方的な『貢献』ということはあり得ない。先進国は援助することで、途上国から『何か』を必ず受け取っている」からだ。

日本は、これまでＯＤＡ（政府開発援助）を通じて多くの国や地域に援助を行ってきたのに、なぜか「日本はカネだけだしてヒトはださない」なんて陰口を叩かれることも多かった。けれど、いまは違う。ここで登場する人々を筆頭に、たくさんの日本人が途上国の現場で現地の人たちといっしょに頑張っている。

みんなが社会に出るころには、もっと国際協力の舞台は身近になっているだろう。この本は、その舞台でどんなことが行われているのかを知る絶好の教科書になるはずだ。

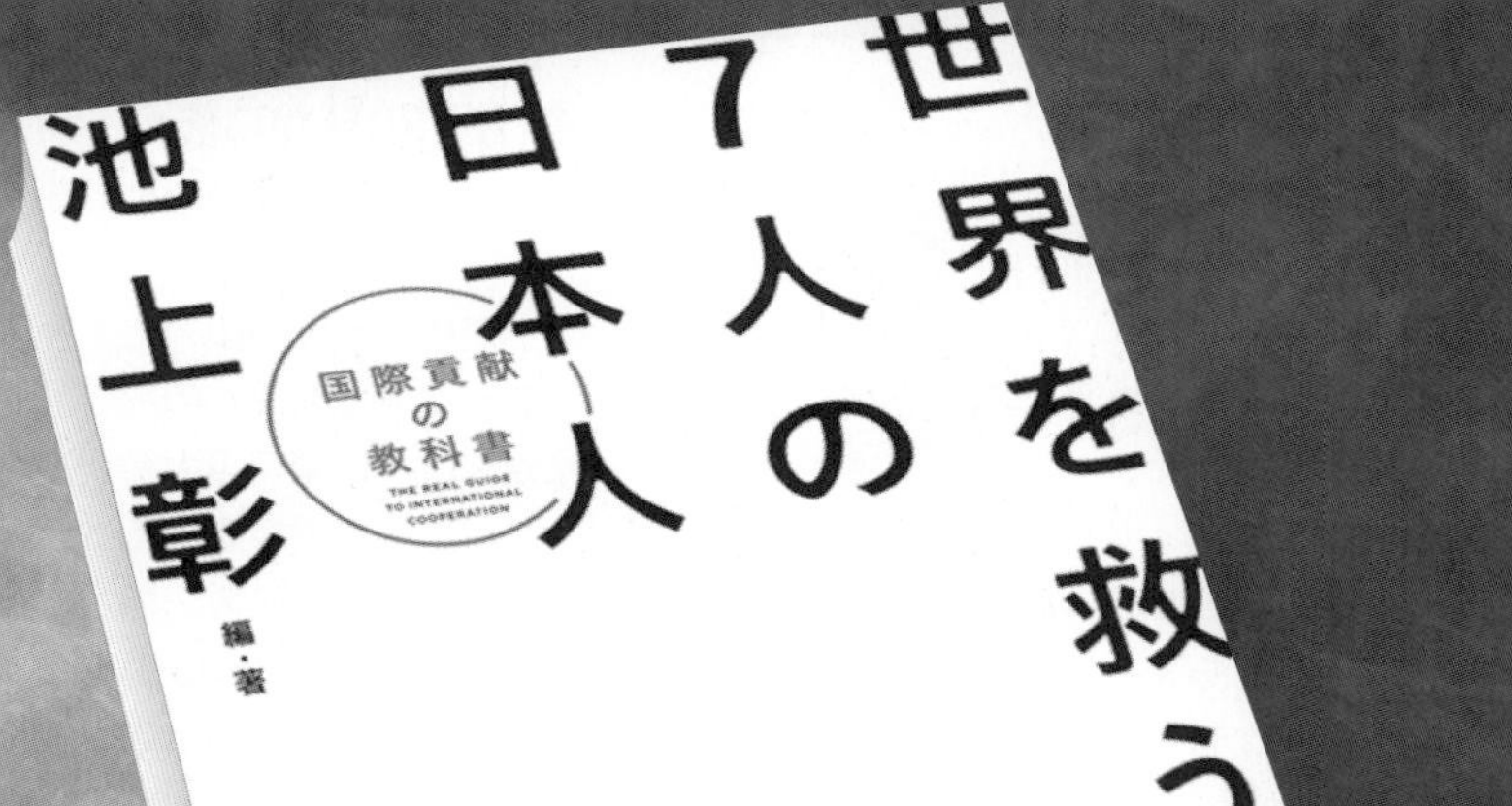

◆『世界を救う７人の日本人　国際貢献の教科書』
編・著／池上 彰
刊行／日経BP社
価格／1400円＋税

北の大地、北海道の動物映画

子ぎつねヘレン

2006年/日本/松竹/監督:河野圭太/

「子ぎつねヘレン」DVD発売中
3,465円(税込)
発売・販売元:松竹
©2006「子ぎつねヘレン」フィルムパートナーズ

愛されることこそ生きる意義

これは“ヘレン”と名付けられた子ぎつねと、その母親役をやり遂げた少年・太一との深い絆を描いた物語です。

“ヘレン”の名前の由来は、目も耳も不自由なヘレン・ケラーから来ています。

子ぎつねのヘレンは、なんらかの外傷を受けて脳を損傷。見ることも聞くことも、また匂いを嗅ぎ取ることもできません。そんなヘレンを救おうと、太一は心をこめてヘレンの世話をします。

「ダメなものは切り捨ててしまおう」「面倒なことは見て見ぬふりをしよう」と最初は否定的だった周囲の目も次第に変わっていきます。

1つの命を尊び、最後まで寄り添うことの素晴らしさを太一少年は教えてくれるのです。

北海道の広大な野に咲く春の草花を、見て嗅いで感じることはできないヘレンですが、それでも太一の愛情は感じることはできたはず。生きるうえでそれはどれほど幸せなことでしょう。

人生で最も大切なものはなんなのかを、改めて気づかせてくれる作品です。

雪に願うこと

2006年/日本/ビターズ・エンド/
監督:根岸吉太郎/

「雪に願うこと プレミアム・エディション」
DVD発売中　4,935円（税込）
発売元:スタイルジャム
販売元:ジェネオン・ユニバーサル・エンターテイメント

正解のない人生、迷いのなかに答え

人生に迷う青年の心の葛藤を描いたヒューマンストーリーです。

北海道でばんえい競馬（そりを引いた競走馬が力や速さなどを競う競馬）の厩《きゅう》舎《しゃ》を営んでいる実家を離れ、東京の大学に進学し、就職をした主人公の学でしたが、東京になじめず、事業にも失敗。描いていた華やかな都会暮らしの夢は崩れ、30歳を過ぎて北海道の実家に戻ってきたのでした。

しかし、細々と厩舎を営む兄と反りが合わず、認知症の母にも息子だとわかってもらえません。学は自らの人生を振り返り、人知れず涙を流します。母にわかってもらえない悲しみ、自らが選んだ歩みへの後悔、あるいはこれからの人生への不安…。それは生き方に戸惑う青年の、心の叫びだったに違いありません。

一方で、信念を持って厩舎を支える騎手や調教師たちと、プライドを持ってレースに挑むばんえい馬たちが力強く描かれています。学はその姿になにかを感じることができたのでしょうか。

だれもが一度は感じるであろう、人生への葛藤が描かれています。

ウルルの森の物語

2009年/日本/東宝/監督:長沼誠/

「ウルルの森の物語」
ブルーレイ発売中
6,090円(税込)
発売元:バップ

拾ったのは、オオカミの子ども？

母が重い心臓病の手術をすることになったため、北海道で家族と離れて暮らしていた父の元に預けられることになった昴としずく。心に深い悲しみを負っている2人でしたが、北海道の雄大な自然のなかで、日々、強くたくましく成長していく姿が描かれています。

ある日、森でしずくがオオカミの子どもを見つけます。それは絶滅していたと思われていたエゾオオカミでした。研究者たちはエゾオオカミの生き残りと思われる「サンプル」を持ち帰ろうとします。

しかし、自分たちも母と離れ離れで暮らす寂しさを知っている昴としずくは、“ウルル”と名付けたこのエゾオオカミの子どもを連れ出し、深い深い森へとウルルの母親を探しに旅に出るのでした。

森のなかで次々と襲いかかる出来事に勇気と知恵をもって立ち向かっていく昴としずく。自分たちの信じる道を疑うことなく突き進む姿に、胸を打たれます。

はたして、昴としずくはウルルの母親を探しあてることができるのでしょうか。北海道の自然を舞台にした感動の物語です。

高校受験 ここが知りたいQ&A

Q 志望校を決めることができません。どのように選べばいいですか。

第１志望校を公立にするか私立にするかで迷っています。入試対策のこともあるので、そろそろ具体的に決めた方がいいと周りからも言われるのですが、なかなか決まりません。どのような基準で志望校を選ぶべきですか。

（さいたま市・KM）

A 学校の情報を調べて、自分に合っているかどうかを確認しましょう。

志望校の決定は、早めにできるにこしたことはありません。周囲のみなさんがアドバイスされているように、志望校を決めることで目標が定まり、入試に向けての学習を効率的に進めることができます。

しかし、あまりに急いで志望校を決定しても、それがいい結果につながるとも限りません。まずは公立、私立を含め、現在考えているいくつかの志望校を自分なりに調べてみてはどうでしょうか。その際に大切なことは、各校の校風や雰囲気が自分に合っているかどうかを確認することです。出版されている受験情報誌などを読んだだけではわからないときは、実際にその学校に通っている人に聞いてみてもいいでしょう。身近に知り合いがいない場合は塾の先生に紹介してもらうのも１つの方法です。

公立と私立では一般的に受験科目数に違いがあります。公立は５教科入試が多いですが、私立入試は通常３教科で実施されます。ただ、公立と私立を併願することはごく普通のことですので、社会・理科を含めた５教科入試に向けての準備をしておくことでどんな学校の入試にも対応できます。

そうした準備をしたうえで、第１志望校が私立高校となつた場合には、英語・数学・国語に重点をおいて学習を進めていくといいでしょう。

教えてほしい質問があれば、ぜひ編集部までお送りください。連絡先は88ページをご覧ください。

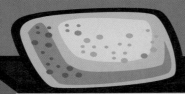

生徒

なんとなく得した気分になる話

先生

身の回りにある、知っていると
勉強の役に立つかもしれない知識をお届け!!

昔はよかった？

食欲の秋だな。なにを食べてもうまい！

とめどなく食べられちゃうよ。これは、デブへの道。

まあ、いきなりデブとか言ってはいかんなあ。

じゃあ、なんて言うの？

う～ん。体格がよくなるとか、安心感のあるカラダになるとか…。

結局、同じだよね（笑）。

「秋ナスは嫁に食わすな」って言うよなあ…。

なにそれ？　また突然だし…。

昔はそう言ったもんだ。

先生の昔ってどのくらい???

そうだねえ…。私が子どものころだから、いまから40年くらい前かなあ。

ぼくはまだ生まれてないや（笑）。

そのころの電車賃が初乗り30円で、子どもは半額の15円。5円玉が使えたなあ…。いまは、端数が出た場合の5円は切り上げになっている電車と切り捨てになっている電車がある。なんか、納得いかん。

いまだと、山手線の初乗り130円だから、子供運賃は130円÷2＝65円を切り上げて70円ってこと？

いや、山手線は切り捨てていた気がするから60円だと思うなあ。

使う交通機関によって、切り捨て、切り上げがあるのは、確かに納得いかないね。

今日はいつになく、素直なキミだな（笑）。

もっとないの???

そうだなあ、急に言われても思いつかないが、昔は、新幹線などの特急列車や急行列車だけに冷房車があったが、いまはほとんどの電車には冷房があるな。

マジ？　冷房がない電車なんて夏に暑くて乗れないよ。

いやあ、昔は、いまほど暑くなかったから乗れたんだよ。それも、窓を全開にして風に当たりながら乗ったもんだ。風が気持ちよかったなあ…。

そんなに、昔といまは違うんだ…。

そうそう、塾といえば、昔の塾は、いまとは違う。

どうちがうの？

昔の塾はそろばん塾や書道塾。いわゆる“読み書きそろばん”というのがはやっていたころだから、そろばんで計算を勉強して、読み書きはお習字教室、いまでいう書道教室というところで勉強したもんだ。いまみたいな学習塾に通う友だちがいるものならば、珍しがられたんだ。

じゃあ、ぼくもあと40年経ったら、世の中はすごく変わっているんだろうなあ…。

学校も黒板で授業しなくなるだろうなあ。電子黒板になるだろう。すでに電子黒板を使っているところもあるらしい。

なんか、楽しみだなあ。すべてデジタル化！　すごい！　科学の進歩を感じる。

でもな、大事なことを忘れているんだよ。

大事なこと？

そう、友情、愛情だよ。

難しいなあ…。

情という漢字は、小という部分が心を表し、青という部分は、清らかなという意味を表すらしい。だから、情は清らかな心。デジタルになると、すべてが、公式的に機械的に判断することになる。これは、優しさや、感情が薄れることになる。デジタル化が悪いのではない。とてもいいことだが、勉強はデジタルであってはいけない。地道な努力が必要ってわけ。

それって、なんか、まるでぼくが勉強を楽しているって言っている気がするんだけど…。

それは、被害妄想だよ（笑）。それとも、楽して勉強したいとか???

楽したいに決まってるじゃん。ぼくは先生みたいに昔の人じゃないからね。

先生を年寄り扱いしてはいかん！

さっきから、昔話の話してるんだから、先生は年寄りって自分で言ってるでしょ？

またかあ…。

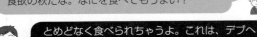

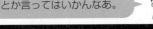

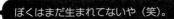

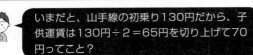

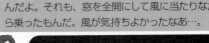

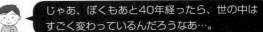

学校説明会・個別相談

① 校舎・施設見学　② 全体会

11月16日〔土〕 ①14:00 ②14:30　**11月23日**〔祝・土〕 ① 9:30 ②10:00　**11月30日**〔土〕 ①14:00 ②14:3

※全体会終了後、希望制で個別相談を行います　※事前の予約は必要ありませ

特別進学類型

国公立・難関私立大学に現役合格することを目標にカリキュラムを組んだ類型です。将来の進路を明確に抱き、高い学習意欲を持った生徒に対応するべく、週4日7時間授業を実施。2年次からは進学大学の学科を想定し、文系・理系いずれかを選択。3年次に入ると志望校に向けた科目選択制となり、目標に的を絞った密度の高い学習内容で、大学合格を確実なものにします。その他、手厚い進学プログラムを用意し、3年間で万全な体制を築いていきます。

❙主な進学先❙　筑波・埼玉・首都大学東京・早稲田・上智・東京理科・学習院・明治など

大学進学率 84.5%　現役合格率 94.3%

選抜進学類型

難関私立大学への現役合格を主な目標にカリキュラムを組んだ類型です。週4日の7時間授業をはじめ、私立受験に照準を合わせ、授業や科目選択の自由度を設定しています。数学・英語は習熟度別の授業を行うことで理解を確実なものにします。2年次からは進学先を想定し、文系・理系別の授業を選択。大学や学部に求められる学力を構築。また、通常の授業に加えて、進学プログラムを活用することで難関校の突破を図ります。

❙主な進学先❙　青山学院・成城・明治学院・東邦・日本社会事業・日本・専修など

大学進学率 81.2%　現役合格率 91.3%

普通進学類型

生徒一人ひとりの進路先に対応できるよう、柔軟性を持っ
カリキュラムで構成される類型です。得意科目を伸ばすこ
と、苦手科目を確実に克服することに重点を置き、将来の
路先が明確でない生徒でも、習熟度によって可能性を広
ながら進路先を確実なものにしていきます。2年次からは
系・理系のクラスに分かれて高度な目標を設定。その他、
望制による夏期・冬期の進学講座や、進学プログラムなど
よって、3年間の努力が確実に実を結びます。

❙主な進学先❙　東京理科・青山学院・法政
成城・成蹊・武蔵・獨協・國學院・日本など

大学進学希望者の大学進学率 90.9%　現役合格率 92.0%

TOSHIMA GAKUIN

学校法人 豊昭学園

豊島学院高等学校

併設/東京交通短期大学・昭和鉄道高等学校

特別進学類型　選抜進学類型　普通進学類型

〒170-0011 東京都豊島区池袋本町2-10-1 TEL.03-3988-5511(代表
最寄駅:池袋／JR・西武池袋線・丸ノ内線・有楽町線 徒歩15分 副都心線 C6出口 徒歩12
北池袋／東武東上線 徒歩7分　板橋区役所前／都営三田線 徒歩15分

http://www.hosho.ac.jp/toshima.htm

HOZEN HIGH SCHOOL
私立男子
学習とクラブの両立で現役大学進学を実現!
特別進学クラス
大進選抜クラス
大学進学クラス
保善高等学校

受験情報

Educational Column

15歳の考現学

せっかくのセンター試験改革も
結局序列をつける形を脱しないのなら
その意義は大きく損なわれる

私立 INSIDE

私立高校受験

そろそろ始まる三者面談
この面談が私立の合否を分けるポイント

公立 CLOSE UP

公立高校受検

2014年・神奈川県公立
高校入試の変更点と注意点

BASIC LECTURE

高校入試の基礎知識

東京・千葉・埼玉の公立高校
来年度の募集変更などに注目

東京都立

戸山、国立が1学級増へ

東京都教育委員会は来年度の都立高校募集人員を発表した。今年度の都内公立中学卒業予定者数が、昨年より1722人増えているため見直され、都立全日制では来春の募集人員を、普通科で前年より720人（40人×18学級）増やす。

新たに学級増を行う27校のなかに、進学指導重点校の戸山、国立が含まれており注目されている。これまでの学級増は旧学区の最上位校では行われてこなかったためだ（関連記事74ページ、一部重複）。

戸山、国立とも推薦枠は20%のため、募集人員は以下のようになる。※（　）内は昨年。男子・推薦37名（←33名）、一般150名（←132名）、女子・推薦33名（←30名）、一般136名（←121名）。

東京私立

男子校の募集数減少傾向

東京都生活文化局は東京都内私立高校の募集人員について発表した。

来年度、都内で生徒募集を行う私立全日制高校は、京北学園白山と高輪が抜けて183校と、前年より2校少ない。

募集人員の合計は、3万7371人で前年よりわずかに13人増え、かろうじて2年連続の前年比増となった。

安田学園と岩倉の男女募集（共学化）で、男子校が691人減、女子校は70人増、共学校が634人増と、男子校の減少数が大きい。

Educational Column

森上《もりがみ》 展安《のぶやす》

森上教育研究所所長。1953年、岡山県生まれ。早稲田大学卒業。進学塾経営などを経て、1987年に「森上教育研究所」を設立。「受験」をキーワードに幅広く教育問題をあつかう。近著に『教育時論』（英潮社）や『入りやすくてお得な学校』『中学受験図鑑』（ともにダイヤモンド社）などがある。

15歳の考現学

せっかくのセンター試験改革も結局序列をつける形を脱しないのならその意義は大きく損なわれる

到達度で質をはかるはずが偏差値同等の序列意識生む

文科省の教育再生会議で検討中の大学入試センター試験改革案が、リークされて新聞に載っていました。とくに驚くような内容ではないのですが、逆にそこが問題なのかもしれません。

　というのも、到達度評価を6段階に分けて行う、としているところなど、要は偏差値30台、40台、50台、60台、70台前半、70台後半などと相対評価の偏差値10きざみをいかにも彷彿とさせます。もちろん、6段階の到達目標に沿って評価される基準準拠のはずですから、集団内の分布度合いで評価される集団準拠とは原理的に違うはずだと思います。

　仮にそうだとして、結果として6段階のAが、仮に最も高い到達度だとすれば、それは偏差値70以上を集団内で取ることと序列意識では同じことでしょう。

　ここのところは結構大事なことで、評価の原理が違っていても結局序列をつけるのでは同工異曲ということになりかねません。

　新聞のうたい文句は1点を争うような試験ではない、という表現を使っていますが、6段階の各段階を10ポイントに分ければ前述した偏差値の表記に近く、いわば10ポイントを1ポイントの段階に換算して争っている、といえなくもありませんね。

　例えばこうした到達レベルの大きな基準の典型例はイギリスのAレベルとOレベルという2大レベルでしょう。これが3段階あってもよいと思いますが、再生会議案のような多段階にするなら、そのスコアの基準をはっきりしたものにしないと、単なる序列のシンボルになってしまいます。

　スコアで表現するよさは、個々の絶対値（例えば評価項目ごとの10点法のなかで7段階であるような）を合計して総合点になりますから、なぜこのスコアになったかという理由が明確にわかることです。スコアそのもので対処の仕方がわかり、絶対評価最大の効果が発揮できます。

　相対評価の困ったところはその評価が序列意識を刺激する（往々にしてダメージですが）ことはあっても、その評価を変える具体的な対応策を明示しているわけではないことです。

　もう少し補足します。分布上は「平均」であることを示す偏差値50

は、学力的には文字通り中位生の成績で、序列意識からいえば、まさに上中下の「中」にあたります。ところがその「普通」であることが、その序列からいえば「上の上」から始まり「上の中」、「上の下」…と下方に下がって「下位」に意識されがちです。これが問題です。「普通」であることは愚かなことではないのですから。

それだけではありません。偏差値50の人が55をめざすにはどうすべきかを、相対評価はなにも教えないからです。筆者は以前から相対評価ではなく、質をはかることができる入試にすべきであって、量をはかる従来型の入試から、質をはかる論文等の比重を高めるべきだ、という考えです。その点、神奈川の高校入試の改革でその面の一歩前進がみられました。もっとも受験生にとっては、従来のオール記号式の方が対策が立てやすかったに違いありませんが、論じることの楽しさに目覚めた高校受験生にとってみれば、腕のなる入試でもあるでしょう。

そうした入試改革への願いは、いつの世にあったにもかかわらず、結局は量、すなわち生徒数、すなわち経営の都合の前に、打ち消されてきたように思われます。

しかし、再び人口急減期を迎えて、集団準拠評価をしていれば、むしろ質が維持できなくなる恐れがありますし、一方で全体の生徒数が減って、定員オーバーを心配する必要は従来ほどではありません。

マイナスの序列意識が 国内理系人材不足も助長

さて、たまたまある日の朝刊に、企業の理系人材採用の話が載っており、日本国内には欲しい理系の人材が見当たらないので採用枠の何割かを外国人枠でとる、というメーカーの記事がありました。東南アジアやアフリカの出身者に、じつに優秀な人材がそろっていて、語学については日常的なコミュニケーションで十分なので支障はないとの判断です。

ここに記された理系人材不足は、かなり以前から指摘されていたことですが、これはメーカーに限るわけではありません。例えば学校についても、じつは深刻で、小学校や中学校教員の理系人材は以前から不足気味です。

教える側に人材がいないのですから、若者に人材が欠けるのは致し方がないともいえますね。

そうした人材不足を海外の人材から調達するのは企業の論理としては当然ということなのでしょう。

これなど相対評価がすべての原因ではありませんが、つまるところ質への評価がないままに、相対評価で入学が決まるために、少子化で受験が緩和することで従来の質が保てなくなっているというようにとらえてよい問題だと思います。

絶対評価で質への評価がきちんとなされていれば、今日のようには理系人材不足が進まなかった可能性もあります。最も残念なことは、日本の若い学生がこうした外国人枠の設定で、採用機会がいっそう減ることです。最近、ある中堅の理系大学生らと交流する機会があったのですが、1人ひとりの知的レベルは相応にあるのに、偏差値序列でいうと50を割る大学のために、どこか自信のない会話をしていて、アジアの他の国の大学生との交流の発表の場でしたが、まったくパワーに欠けていました。人事担当者がこれを見れば外国人採用に動くことでしょう。序列意識で自らの生きる意欲を損ない、本来の知性に自信を持てない現状を助長しない入試改革が必要です。

その中堅大学生は、大学で十分なトレーニングを受けているのですから入学時の偏差値など気にする必要はない、というのは簡単ですが、実際は偏差値、とりわけ大学の偏差値はついて回ります。それだけ重要な社会的評価にもかかわらず、この偏差値という集団準拠評価の働きは、この場合、社会的にみて害あって益なし、と言ってもよい話です。

むしろ大学に入ってからどのような知識技能を身につけたのかという絶対評価こそが、本来、社会的に通用すべきものでしょう。本人も周りも序列に縛られて生きる、という大変もったいない生き方を強いているように、筆者には見えます。

大学生になってからの知識技能の評価はひとまずおくとしても、大学入試が、絶対評価に変わることは、ここまで述べてきた理由でとても大切なことと考えます。

社会通念を変えることができるほどの力が、この評価の転換にはあるのです。したがって新しい入試として利用されるテストがそのような内実の伴ったものになることを願っています。つまり、「1点を争うこと」が問題なのではなくて、集団内序列意識を植えつけることをもうやめるべきでしょう。

世界標準がもしあるとすれば、なるべくそれに近い水準を示して到達目標にすることができるかどうかそれが大事です。

私立Inside

そろそろ始まる三者面談
この面談が私立の合否を分けるポイント

そろそろ学校選びも最終局面です。受験生のみなさんが通学している中学校では「三者面談」が始まったのではないでしょうか。三者面談は、公立高校を受けるにしろ、私立高校を受けるにしろ大切なポイントになります。中学校の担任の先生も真剣にあなたの進学・進路を考えてくれますので、真摯に対応しましょう。

私立高校の合否は三者面談で決まる？

中学校3年生にとって、受験校を決める最後の局面「三者面談」の時期となりました。

三者面談というのは11月なかばから始まる面談で、通学している中学校の担任の先生、受験生、保護者の三者が、志望校を決めるために話しあうものです。

なぜ11月に三者面談があるのでしょうか。それは、12月中旬に私立高校の入試相談があるからです（埼玉では「個別相談」）。

私立高校の推薦入試（一般入試の公立併願優遇も含む）では、事前に成績の合格基準が示されています。

そこで、その基準をもとに、その学校に合格できるかどうかを、事前に私立高校側と中学校の先生が話し合う場が12月なかばの入試相談（事前相談）です。中学校ではこの時期、12月の私立高校入試相談に向けて、自らの中学校の「どの生徒」が「どの私立高校」を受験するのかをリストアップしていきます。そのための最終確認が三者面談なのです。

ただし、埼玉県では、この中学校を巻き込んでの入試相談は行われません。埼玉県では、保護者・受験生が、私立の学校説明会や進路相談会と呼ばれるイベントに臨んで自分で各私立高校と相談をします。これが埼玉独自の「個別相談」です。

しかし、埼玉県でも中学校での三者面談は行われます。内申点や10月の模擬試験などをもとに中学校の担任や進路指導の先生が相談に乗ってくれます。「公立高校ならどこを受ければいいか」「私立高校ならここが受けられる」などとアドバイスしてくれるのです。それを参考にし、進学塾の先生とも相談して決めた私立高校の個別相談に出かけていけばよいわけです。

さて、東京都、神奈川県、千葉県の三者面談に話を戻します。

とくに初めての受験生をお持ちの保護者の場合は、高校受験についてわからないことなどを、直接、中学校の先生に聞くことができますので、大いに利用すべきですし、大事にすべき機会です。

中学校の先生は、生徒の成績をよく把握していますし、高校のこともよく知っています。受験をする高校がなかなか決まらないという場合も頼りになる存在です。

　三者面談で担任の先生は、志望校の有無、第1志望は公立か、私立かなど、おおまかな希望を聞くことから始めます。もし、ここにきても、どうしても志望校が決まらない、という場合でも、三者面談を先延ばしにするわけにはいきません。率直に相談してみるといいでしょう。

　進学塾に通っていれば、すでに塾の先生と相談されて志望校が決まっていると思います。その志望校をメモしておいて、三者面談で示すようにすればスムーズに話が進みます。「公立はA校かB校、私立はC校かD校…、E校も考えています」などと候補校をメモにしておき、先生にもお見せします。志望校を伝えるときは、受験生は、その学校に行ってなにをしたいかなど「熱い思い」を話すことも大切です。

　とにかく、あとで後悔しないように、「言いたいことは言う、尋ねたいことは尋ねる」姿勢が大切です。学校の先生だからと言って、遠慮しないでとことん話しあってきてください。下を向いていても始まりません。これが私立の合否を決める選択かもしれないのです。

三者面談は安全策に走りがち 自分の気持ちをしっかりと

　次に、三者面談の内容について考えてみます。

　私立高校には、「学力試験で合否を決める学校」と「入試相談で合否をほぼ決める学校」の2種類があります。入試相談で合否を決める学校とは、内申で合否を決める学校と言い換えることもできます。

　前者は、推薦入試での定員が少ない難関校、上位校です。後者には残る大半の私立高校が入ります。

　ですから、ほとんどの私立高校の入試は、じつは12月中旬の「入試相談」の段階で決まってしまうと言っても過言ではありません。

　さて、三者面談で注意してほしいことがあります。

　それは、先生の考えが「安全志向」に走る傾向があることです。中学校の先生が、三者面談で最も力点を置くのは「その年度の卒業生全員を確実に高校に進学させる」ことです。

　ですから、中学校の三者面談では、「入試相談のある学校」を「安全校」として強くすすめられます。入試相談で私立高校側から「大丈夫です」と言ってもらえれば、ほぼ合格が約束されますから、受験生・先生ともに安心して受験に臨めるからです。

　結果として、ほとんどの生徒が入試相談を利用し、安全校を確保することになります。つまり、中学校の先生にとって、この三者面談では「安全校を決めること」が最大の目的と言っていいのです。

　また、私立高校2校の推薦入試を受けることはできませんが、公立高校との併願は認める学校が多くあります。一般入試でも公立高校との併願を認める学校があります（併願優遇制度）。この場合も中学校の先生に入試相談で話しておいてもらわなければなりません。

このように、三者面談では中学校の先生は、どうしても「安全志向」となります。その最たるものが「単願推薦」です。

単願推薦をすすめられたらまずは初心に返ろう

「高校に合格したい」という意味では、中学校の先生と受験生の希望は一致しているのに、三者面談では、受験生と先生との間に意識の差が出てしまうことがあります。

前述したように、三者面談での先生の目標は「このクラス全員を、そして学年全員をどこかの高校に合格させること」です。

受験生側の希望は「志望校に合格する」ことに対して、先生の考えは、あえて言えば「どこでもいいから合格させる」ことにあります。ですから、先生は本人の希望よりも、「いかに合格しやすいか」という点を重視して三者面談に臨んでいるわけです。

その最たるものが、私立高校の「単願（専願）推薦」です。

単願推薦でも学力試験のある学校がありますが、それはごく一部の私立難関校で、それを除くほとんどの私立高校の単願推薦は、中学校の先生との入試相談で受けることが決まれば「合格」です。

ただし、受験できるのは「その学校のみ」です。公立にしろ私立にしろほかの学校は受けられません。

中学校の先生にとって「単願推薦」での受験は、「確実な合格」と「最小限の受験校数」の2つを同時に実現する制度なのです。受験生にとっても、とてもよい制度のように思えます。その時点で受験勉強から解放されるからです。

受験が現実のものとなってくる11月、12月、受験生はなかなか成果の出ない受験勉強に焦り、プレッシャーを感じています。「単願推薦」受諾は、その悩みを解消してくれるマジックです。中学校の先生から提案されれば、ついつい受けてしまいそうになるものです。

しかし、多くの場合、「単願推薦」で合格を約束してもらえる学校は、自分の本来の志望より1段レベルが落ちる学校です。

受験の2月まではまだまだ実力は伸び続けるのに、いま、安易に「合格」に走るのは考えものです。

もし三者面談で、学校の先生から「単願」の話が出たら、安易に飛びつく必要はありません。

「もう少し考えさせてください」と、すぐには決めずに、自分はその高校に進学することで「いままでやってきたのはなんだったのか」「本当にその学校で満足なのか」をよく考え、塾の先生にも相談してみることです。

三者面談で最も大切なことは、「自分はどこの高校に行きたいのか」をはっきりと先生に伝えることです。とくに第1志望校については、自分の気持ちを強く伝えましょう。

そのうえで「私立高校の合格基準」と「現時点での成績」をもとに先生はアドバイスしてくれるはずです。よく話しあいましょう。

【訂正】前号10月号の当コーナーに掲載いたしました「東京私立高校説明会日程」のうち、巣鴨高校（豊島区）の説明会(11月16日)が浮間校舎で行われるとなっておりますが、池袋本校（豊島区上池袋1-21-1）新校舎講堂にて開催の誤りでした。訂正いたします。（編集部）

平成26年4月男女共学スタート
安田学園は新時代へ

第一志望大学への現役進学を力強くサポートする3つのコース

知の構造を革新 S特コース
グローバルな探究力を育て、
東大などの最難関国立大を目指す

本質的な学びを育成 特進コース
自ら学ぶ力を高度に育て、
難関国公立大·早慶上理を目指す

自ら考える力を育成 進学コース
高度な基礎学力を育て、
GMARCH·中堅私大を目指す

高等部教育方針

学習のベースとなる日々の授業では「自ら考え学ぶ」ことを重視した新しい学習指導を実践。身につけた学力を高度に活用できる創造的学力を育む「探究（S特コース）」「ライフスキル（特進・進学コース）」の授業、豊かな人間力を培うオリジナルテキスト「人間力をつける」と合わせて、グローバル社会で自分の力を十二分に発揮し、社会の発展に貢献できる人材となるために必要な力を鍛えていきます。

探究 S特コース

1·2年で行われる「探究」の授業では、自分なりの疑問を見つけ、それについての仮説を立て、検証を行うというサイクルを体験していきます。その過程を通じて、より高次なレベルの疑問が生まれ発展していくといった創造的思考力が育まれていきます。1年次では、文系·理系のそれぞれの実際のテーマでのグループ探究を通し探究基礎力を習得、論文を作成します。2年次には、それを英訳しシンガポールにおいて現地大学生にプレゼン、そのテーマについてディスカッションします。そしてこれらの集大成として個人でテーマを決めて探究を行い、安田祭で発表します。

1年生　理系探究 ＞ 文系探究……理系論文作成 ＞ 発表 ＞ 文系探究 ＞ 文系論文作成 ＞ 発表
2年生　シンガポール フィールドワーク(発表) ＞ 個人探究 ＞ 発表

探究を1年間学んで

梶山健一君（高2）·（市川市立第四中学校出身）

私たちは、1年間で2つの設問を理系的·文系的思考による疑問→仮説→検証のたて方、考え方を学びました。

理系的思考の設問は、担当者から「隅田川水質について」のものでした。

文系的思考の設問は、担当者から2冊の本（環境問題とは何か、環境問題の杞憂）が紹介され、この本の中から「キーワードとなる語句を探しなさい」というものでした。

両方の設問から、疑問→仮説→検証の考え方はもちろん、文献輪読の方法（数人で同じ本を読み、問題点や疑問点について論じ合うこと）、発散·収束·アンケート技法や情報収集、マインドアップ法、ディベートなど自然と身につくことができました。

ライフスキル 特進コース 進学コース

ライフスキルでは、「社会構造がどのように変わろうと変わることのない、社会で活躍するために必要な“3つの力<問題発見・解決能力、積極表現能力>”」を育成します。この力を養成するために本学園では、教育と探求社監修の「クエストエデュケーション」を導入しています。現実社会と連動しながら「生きる力」を育むためのプログラムです。実在の企業を題材に、リアルな学習テーマに取り組みながら、自ら感じ、考え、表現していく学習スタイルを実践していきます。実在の企業からの「ミッション(課題)」に取り組み、情報を集め、チームで話し合いながらプランを完成させ、最終的にはプレゼンテーションを行います。現代社会の中で活動を続ける企業の姿をリアルタイムでとらえ、自ら体験することで、社会や経済の仕組みに触れるとともに、働くということの意義についての理解を深め、自律的な学習姿勢と豊かな創造性を育んでいきます。

〈授業の流れ〉
インターンとして企業に参加する準備をする
↓
企業からのミッションを受け取る
↓
チームでミッションに取り組む
↓
プレゼンテーションをする

知性あふれ、凛とした清潔感のある制服

安田学園創立者、安田善次郎の重んじた「自分がこうありたいと思う生き方=人間力をつける」という精神を意識し、コシノジュンコ氏によってデザインされた制服です。制服をきちんと上品に着ることによって、社会に出てからもTPOに応じた着こなしが出来る事を期待し、また、知性の高さが垣間見られる、凛とした清潔感のあるスタイルをコンセプトにつくられています。中学生は、中学生らしいあどけない雰囲気を活かしてエンジ色を、高校生は、大人への第一歩を踏み出したフレッシュさの表現としてブルーをアクセントに、学園全体での統一感を大切にしながらも、新しい試みに満ちた制服です。後ろ姿にも安田学園生のブランドを宿すコンセプトカラーのパイピングラインの装飾や、スタイリッシュにみせるV字のデザイン切替を採用し、どこから見てもきりっとした美しい仕上がりになっています。

平成26年度 高校入試 学校説明会

平成25年 11月30日(土)14:30
平成25年 12月7日(土)14:30

平成26年度 高校入試 入試日程

項目	推薦入試		一般入試		
	A推薦	B推薦	授業料減免試験	S特特待入試	S特入試
試験日	1月22日(水)		2月10日(月)	2月11日(祝)	2月14日(金)

安田学園高等学校
〒130-8615 東京都墨田区横網2-2-25
E-mail nyushi@yasuda.ed.jp
入試広報室直通 0120-501-528 FAX.03-3624-264
交通アクセス JR両国駅から徒歩6分 都営大江戸線両国駅から徒歩3分
ホームページ http://www.yasuda.ed.jp/ 安田学園 検索

2014年・神奈川県公立高校入試の変更点と注意点

安田教育研究所　代表　安田　理

神奈川は、2013年度入試から入試機会が一本化され、2014年度は2回目の入試となる。新しい制度で1回実施されたことで概略がわかったことから、公立高校志望者の増加が予想されている。では2014年度入試はどうなるのだろうか。

入試日程

2013年度入試から入試機会が一本化され、学力検査と面接、必要に応じて実施される特色検査とを3日にわたり実施するようになった。2年目を迎える2014年度は、学力検査が2月15日から1日早まり、2月14日になる。土日をはさんで結構長期戦になるので、集中力を切らさないことが大切だ。

●募集期間
1月29日（水）～31日（金）
●志願変更期間
2月5日（水）～7日（金）
●学力検査　2月14日（金）
●面接及び特色検査
2月14日(金)、17日(月)、18日(火)
●合格発表　2月27日（木）

入試日程は学力検査が2月14日で、前年より1日早まった。私立一般入試が2月10日から始まるため、1日の差だが、受検生にとってあわただしい日程になりそうだ。

2年目で1割弱の学科・コースで比率変更 調査書重視が増加

2013年度入試からスタートした新しい選抜制度では、学力検査・調査書・面接の比率を15パターンのなかから各高校が決定する。

前年より1学科1コース増え、全日制の募集総数は204学科・コースになる。

このうち、最も多いパターンは、調査書と学力検査とが各4割と同等にしたもので94学科・コース、半数近くにおよぶ。以下、調査書3割・学力検査5割が42学科・コースと調査書5割・学力検査3割が41学科・コースでほぼ同数、全体のおよそ2割ずつを占める。面接が3割以上の比率を占めるのは16校あり、8%程度。学力検査6割・調査書2割は**横浜翠嵐**と**鶴見**の2校のみとなった。

全日制普通科の選考基準の比率

選考の比率	学校名
学力検査6割 調査書2割	鶴見、横浜翠嵐
学力検査5割 調査書3割	岸根、希望ケ丘、光陵、横浜南陵、柏陽、横浜緑ヶ丘、氷取沢、横浜市立桜丘、横浜市立南、横浜市立金沢、新城、住吉、**生田**、百合丘、横須賀、横須賀大津、鎌倉、七里ガ浜、大船、湘南、**平塚江南**、茅ケ崎北陵、秦野、厚木、海老名、大和、大和西、座間、上溝、小田原、横浜市立横浜サイエンスフロンティア、神奈川総合、横浜栄、藤沢清流、厚木清南、横浜市立東
学力検査4割 調査書4割	城郷、港北、新羽、霧が丘、市ヶ尾、元石川、川和、新栄、瀬谷、横浜平沼、保土ヶ谷、舞岡、上矢部、金井、川崎北、多摩、生田東、菅、麻生、川崎市立川崎、川崎市立橘、川崎市立高津、追浜、津久井浜、逗葉、深沢、藤沢西、湘南台、茅ケ崎、鶴嶺、茅ケ崎西浜、高浜、大磯、秦野曽屋、厚木西、伊勢原、伊志田、足柄、山北、有馬、大和南、麻溝台、上鶴間、相模原、上溝南、橋本、横浜国際、横浜桜陽、川崎、横浜市立戸塚
学力検査3割 調査書5割	白山、荏田、旭、松陽、瀬谷西、永谷、横浜立野、逗子、寒川、西湘、**二宮**、**厚木東**、厚木西、愛川、大和東、綾瀬、綾瀬西、相模田名、**城山**、津久井、横浜旭陵、三浦臨海、平塚湘風
学力検査2割 調査書6割	磯子、大井、厚木北、相模原青陵

＊太字は変更のあった学校

前年から比率変更したのは19学科・コースしかなく、ほとんどの学科・コースでは比率を変えていない。調査書重視に変更したのが16学科・コース、学力検査重視に変更したのは**平塚江南**など3学科・コースあった。パターンのうち、最も増えたのが調査書5割・学力検査3割。昨年の34学科・コースから41学科・コースに増え、調査書3割・学力検査5割の42学科・コースとほぼ同数になった。

入試制度の大幅な変更への不安感から今春入試では受験生の安全志向が強まり、公立離れも見られた。一部の難関校は例外だが、全体的には学力検査の比率の高いところより調査書重視パターンの高校の方が応募者が多かった。調査書点は出願前に判明しているぶん、予測が立てやすいと考えた受検生の一部が調査書重視型入試の高校を選んだ可能性がある。

実際には入試機会が一本化されたため、実倍率は緩和。受検者が定員に満たない高校も増加した。今回、調査書重視に比率を変更した高校のなかにも今春の実倍率が低いところが見られるが、初年度の受検生の動向が影響しているのだろう。

特色検査実施校は 4校増加、2校は廃止

新制度では、学力検査・調査書・面接の3要素のほかに「特色検査」を実施することも可能になっている。2012年度前期まで実施されていた「必要に応じて行う検査」に該当するものだ。「特色検査」には「実技検査」と「自己表現検査」の2種類があり、学力検査・調査書・面接とは別枠になる。

初年度の2013年度は「自己表現検査」を全日制18校が実施、そのうち学力向上進学重点校が半数近い8校を占めていた。

学力向上進学重点校は18校あり、このうち10校が旧制度下では学校独自問題を実施していた。その10校とは、**湘南**、**横浜翠嵐**、**柏陽**、**平塚江南**、**光陵**、**小田原**、**横須賀**、**多摩**、**鎌倉**、**横浜国際**。このなかで、今春、「自己表現検査」を行ったのは、**湘南**、**横浜翠嵐**、**柏陽**、**平塚江南**、**小田原**、**光陵**の6校。**横浜国際**は「実技検査」を実施したが、内容は口頭による英問英答で英語の理解度とコミュニケーション能力をみるものだった。また、これまでは共通問題による学力検査だった**希望ケ丘**と**厚木**、学力向上進学重点校以外で唯一、学校独自問題を実施していた**横浜市立横浜サイエンスフロンティア**でも「自己表現検査」を実施した。

2年目の2014年度は学力向上進学重点校の**横浜緑ケ丘**、中高一貫校募集も実施している**横浜市立南**が新たに「自己表現検査」実施校に加わる。また、新設の**横浜市立戸塚音楽コース**、**横浜市立横浜商業スポーツマネージメント科**が「実技検査」を実施する。一方、**神奈川総合（個性化）**、**市立川崎総合科学（科学）**が「特色検査」の実施をとりやめる。

「自己表現検査」では、与えられた課題について制限時間内で自分の考えをまとめ、表現するものが多い。小論文形式やスピーチ、グループ討論など形式はさまざまで、課題もさまざまな教科に通じる。学力検査とは違うものの、問われるのは総合的な高い学力だった。

　「特色検査」の比率が2割あるのは**横浜翠嵐**、**希望ケ丘**、**光陵**、**柏陽**、**横浜緑ケ丘**、**横浜市立南**、**平塚江南**、**厚木**、**小田原**、**横浜市立横浜サイエンスフロンティア**など。**湘南**は前年に続き、1割とさほど高くない。

　学力検査の合格者平均点が前年までの7割前後から6割前後に下がったものの、予想されたほど難問は増えてはいない。教科によってばらつきはあったものの、先行して学力重視型の入試に変更した埼玉や千葉の公立高校入試の学力検査ほど難しくなく、高学力の受検生が集まる難関校ではさほど差がつかなかった印象だ。そのぶん、「特色検査」の「自己表現検査」が合否に影響した可能性がある。「自己表現検査」実施校を志望する場合、学校説明会に足を運び、「自己表現検査」についての情報をチェックする必要があるだろう。

　また、比率をはじめ各校の選考要素はじつにさまざまだ。学力検査重視か調査書重視か、重点化する教科があるのか、面接で評価する観点はなにかなど、志望校の選考方法について調べておく必要がある。

　志望する高校について調べることは進路選びに欠かせないばかりか、そのまま面接対策にも役立つ。各地で公立の合同相談会があり、一般に公開される行事もある。志望校には何度も足を運び、さまざまな角度から検討したい。

普通科で特色検査を実施する学校

特色検査の種類		実施校
自己表現検査	筆記型	横浜翠嵐、希望ヶ丘、柏陽、**横浜緑ヶ丘**、**横浜市立南**、湘南、平塚江南、厚木、西湘（理数）、小田原、横浜市立横浜サイエンスフロンティア
	スピーチ型	光陵、厚木東
	討論型	神奈川総合（国際文化）
実技検査		白山（美術）、荏田（体育）、上矢部（美術陶芸）、山北（スポーツリーダー）、厚木北（スポーツ科学）、市立川崎総合科学（デザイン）、**横浜市立横浜商業（スポーツマネジメント）**、川崎市立橘（スポーツ）、**横浜市立戸塚（音楽）**

＊太字は新規実施

一本化2年目は公立高校の人気が上昇か

　２０１４年度入試は公立高校の入試機会が一本化されてから2度目の入試となる。

　新制度の初年度にあたる２０１３年度は警戒心が働いたため、私立志向が強まった。公立の実倍率は1・17倍で２０１２年度の前期2・06倍、後期1・40倍より緩和した。2次募集校も0校から23校に急増した。

　ふたを開けてみれば、公立はそれほど難しくないことがはっきりしたともいえる。

　２０１４年度は公立志向が高まるのは間違いないので、そのぶん、実倍率の上昇が予想される。また、これまでの安全志向からチャレンジ志向が少し強まることも考えられる。すべり止め校の合格を確保するのは受検生の鉄則だが、２０１４年度入試こそ、その必要性が高まりそうだ。

　「書類選考」で合格を保持したうえで公立高校を受検するケースが増えることになりそうだ。「書類選考」の基準は調査書に基づいている。決して低いものではない場合が多い。上手に活用するには、中学校での成績が重要だ。

　いまからでも授業を大切にし、定期試験では高得点を取れるよう頑張ろう。

私立を併願する場合の注意点

　繰り返しになるが、２０１４年度は15日が土曜にあたるため、県内公立高校の入試日は1日早まり、2月14・17・18日になる。「たかが1日」と思われるかもしれないが、私立高校にとっては死活問題にもなりかねない。13日までに合否結果を公表できなければ公立高校併願者は受験しないことが予想されるからだ。

　そこで、クローズアップされるのが「書類選考」だ。受験生にとっては入試会場に登校する必要がなく、その日、他校を受験することが可能になる。高校側にとっても合否判定を急ぐことなく志望者を確保できる。私立高校の入試期間が短縮されるのに対し、お互いのメリットが一致する「書類選考」入試が２０１４年度は増えることが予想される。

　実際、現段階では**湘南学院**、**湘南工科大附属**、**鶴見大附属**、**横須賀学院**、**横浜商科大**などが導入を表明している。今後さらに増える可能性もあり、どこが行うのか、情報を集めたい。こうした「書類選考」に限らず、一般入試の「併願優遇」などを使って合格を確保して公立高校入試に臨みたいものだ。

世界の星を育てます

エクストラスタディで応用力養成・弱点克服します。
ターム留学制度により、生きた英語体験・異文化体験をします。
※ターム留学制度：希望者を対象とした3ヶ月間のオーストラリア留学

学校説明会

第3回　11月16日（土）
14:00～　［生徒が作る説明会］

第4回　11月24日（日）
10:00～　［卒業生ディスカッション］

第5回　12月　1日（日）
10:00～　［入試出題傾向］

※予約不要

学校見学

月～金　9:00～16:00
土　9:00～14:00

※日曜・祝日はお休みです。
※事前にご予約のうえ
ご来校ください。

入試概要

推薦入試
募　集　男女約75名
試験日　1月22日(水)
発表日　1月22日(水)

一般入試
第1回
募　集　男女約65名
試験日　2月10日(月)
発表日　2月11日(火)

第2回
募　集　男女約10名
試験日　2月12日(水)
発表日　2月13日(木)

ご予約、お問い合わせは入学広報室まで　TEL.FAX.メールで どうぞ

MEISEI

明星高等学校

〒183-8531　東京都府中市栄町１－１　入学広報室
TEL 042-368-5201（直通）　FAX 042-368-5872（直通）
（ホームページ）　http://www.meisei.ac.jp/hs/
（E-mail）　pass@pr.meisei.ac.jp
交通／京王線「府中駅」
ＪＲ中央線／西武線「国分寺駅」　］より徒歩約２０分
またはバス（両駅とも２番乗場）約７分「明星学苑」下車
ＪＲ武蔵野線「北府中駅」より徒歩約15分

Basic Lecture

高校入試の基礎知識

首都圏公立高校入試最終情報
東京・千葉・埼玉の公立高校
来年度の募集変更などに注目

志望校の決定も最終段階です。公立高校第1志望の受験生は絞り込みに苦労しているのではないでしょうか。10月初旬までに各都県の教育委員会が来年度入試の最終情報を公表しています。とくに募集増減がある学校は昨年までとは違った倍率を示しますので注意が必要です。なお、神奈川県については70ページをご覧ください。

東京

進学指導重点校も学級増 戸山・国立が9学級募集

東京都教育委員会は10月、来年度の都立高校募集人員を発表しました。

来年春の都内公立中学卒業予定者数は、昨年より1722人増え7万9140人と、近年では最高の数となり、この数字に対応するため、都立高校全日制では来春の募集人員を、普通科で、前年より720人(40人×18学級)増やす計画です。その内容は、27校で各1学級増やす一方、9校で各1学級を減らします。

学級減を行うのは、前年や前々年に学級増を行った9校で、施設面(教室数)で同規模の募集は続けられないため、来春は減らすことになりました。

新たに学級増を行うのは、進学指導重点校の**戸山**、**国立**を含む27校です。これまでのクラス増は旧学区の最上位校では行われてきませんでしたが、その慣例が崩れたことになります。校舎新築後の**戸山**が学級増となったことで、改修中の**日比谷**も将来は学級増の可能性が出てきました(関連記事63ページ)。

■募集を増やす高校

旧1学区…**蒲田**
旧2学区…**戸山、目黒、松原、深沢**
旧3学区…**杉並、石神井、練馬**
旧4学区…**大山**
旧5学区…**足立新田、淵江**
旧6学区…**城東、東、小岩、日本橋、葛西南**
旧7学区…**富士森、松が谷**
旧8学区…**東大和南、多摩、秋留台**
旧9学区…**清瀬、久留米西、東村山西**
旧10学区…**国立、狛江、府中西**
(27校、各1学級増)

■募集を減らす高校

旧2学区…**駒場**
旧4学区…**竹早、文京**
旧5学区…**足立西**
旧6学区…**本所、紅葉川**

旧8学区…**東大和**
旧9学区…**小平**
旧10学区…**神代**
（9校、各1学級減）

千葉

佐倉が理数科で学級増 普通科では学級減を実施

来年春の千葉県における中学校卒業予定者は、5万5633人で、2013年3月の卒業者数と比較して773人の増となります。高校への進学率は98・5％と推測、進学者数は5万4796人になるものと見込まれているため、公立高校全体で以下のように募集学級増を行います。

■募集を増やす高校

第1学区…**千葉北、若松、柏井、千葉商業**（商業）
第2学区…**県立船橋、八千代、松戸国際、船橋芝山、船橋啓明、松戸馬橋、松戸向陽、市川工業**（電気）
第3学区…**流山おおたかの森、野田中央、流山南、鎌ヶ谷西、我孫子東、沼南高柳、流山**（園芸）
第4学区…**白井、佐倉**（理数科1学級新設）
（21校、各1学級増）

■募集を減らす高校

第3学区…**東葛飾**
第4学区…**成田北、佐倉**（普通科1学級減）
第5学区…**銚子**
第6学区…**成東**
第7学区…**大原**
第8学区…**京葉、市原**
（8校、各1学級減）
※**佐倉**は理数科1増、普通科1減のため、実質は計13学級増。

■検査内容の変更

2014年度千葉県公立高校の入試で、選抜内容に変更があるのは、全日制128校209学科のうち、ほぼ1割の12校です。前号でお伝えした**君津**、**市立稲毛**の「独自問題」廃止をはじめ、適性検査や面接をなくすなどの簡素化がめだちます。新たに面接を導入する動きもありますが、全体的には検査の軽減をはかる動きの方が多く見受けられます。

全日制普通科を中心におもな選抜内容の変更校と変更内容をあげておきます。

・**千葉西**　後期の必要に応じて実施する検査　面接→なし
・**市川東**　後期の必要に応じて実施する検査　面接→なし
・**関宿**　前期第2日の検査　面接→面接・自己表現
・**小見川**　後期の必要に応じて実施する検査　なし→面接
・**木更津東**（普通・家政とも）　後期の必要に応じて実施する検査　面接→なし
・**君津**　前期第2日の検査　学校独自問題3科総合→面接
・**市立稲毛**　前期第2日の検査　学校独自問題2科基礎→面接
・**市立松戸**（国際人文）　前期選抜枠70％→75％

また、**佐倉**が理数科を新設。普通科とは別枠での募集で前期選抜枠80％、前期第2日の検査は面接、後期の必要に応じて実施する検査はなし。

このほか、**東葛飾**に医歯薬コース、**長狭**に医療・福祉コース、**千葉女子**と**安房**に教員基礎コースが新設されますが、いずれも普通科のなかのコースで、入学時点で別枠募集をするのは**佐倉**の理数科のみとなります。

埼玉

市立大宮北に理数科を新設 理科・数学で傾斜配点も実施

■おもな変更点

・科の新設　**市立大宮北**　理数科を新設
・調査書の「学習の記録」の学年比率の変更（普通科の学校のみ掲載）
県立川越…中1：中2：中3を1：1：3から1：1：2に変更
松伏…中1：中2：中3を1：1：2から1：2：3に変更
三郷…中1：中2：中3を1：1：1から1：1：3に変更

■傾斜配点実施校

学力検査で理科、数学、外国語科などで特定の教科の配点を2倍する「傾斜配点」を実施する高校があります。

「傾斜配点」を実施している場合は、満点が500点から600点～800点になります。

■2014年度、傾斜配点を実施する高校・教科

外国語科（コース）…**大宮光陵・越谷南・坂戸・南稜・和光国際**（実施教科・英語）
理数科…**大宮・大宮北・熊谷西・松山**（実施教科・数学、理科）
人文科…**春日部東**（実施教科・国語、社会、英語）
※**草加南**（外国語科）が英語の傾斜配点を廃止します。

10月号の答えと解説

● 問題

ことわざ穴埋めパズル

例のように、空欄にリストの漢字を当てはめて、下の①～⑧のことわざを完成させましょう。リストに最後まで使われずに残った漢字を使ってできるもう１つのことわざに、最も近い意味を持つことわざは、次の３つのうちどれでしょう？

ア　猫に小判　　**イ**　猿も木から落ちる　　**ウ**　犬も歩けば棒にあたる

【例】□を□らわば□まで　→　毒を食らわば皿まで

① □は□げ
② □は□を□ぶ
③ □に□□
④ □□って□□まる
⑤ □□の□も□□から
⑥ □の□に□□
⑦ □□に□□を□る
⑧ □□□れば□□の□□

【リスト】

一	一	雨	河	寄	鬼	急	金
九	恵	呼	固	降	皿	三	死
耳	殊	食	人	生	千	川	善
知	地	童	道	得	毒	念	馬
仏	文	歩	棒	友	里	流	類

● 解答

イ　（残った漢字できることわざ…河童の川流れ）

解説

「河童の川流れ」も「猿も木から落ちる」も、その道の名人でもときには失敗することがあることの例えです。このほか、「弘法にも筆の誤り」や「上手の手から水が漏る」なども同じ意味です。

問題の①～⑧のことわざとその意味は、次の通りです。

① 善は急げ…善《よ》いことは、思いついたらすぐにやりなさい。
② 類は友を呼ぶ…気の合った者や似通った者は自然に寄り集まるものだ。
③ 鬼に金棒…強い鬼にさらに武器を持たせる意から、ただでさえ強いものに、いっそうの強さが加わること。
④ 雨降って地固まる…雨が降ったことによって地盤が締まって固くなることから、問題が起こったことによって、かえってあとが安定した状態となりうまく行くこと。
⑤ 千里の道も一歩から…どんな大きな仕事でも、小さなことの積み重ねでできるものだ。
⑥ 馬の耳に念仏…ありがたい念仏も馬にはその意味がわからず、なにも感じないことから、いくら言っても効き目がないこと。
⑦ 九死に一生を得る…ほとんど命が助かりそうもないところをかろうじて助かること。
⑧ 三人寄れば文殊の知恵…凡人でも何人か集まって相談すれば、すばらしい知恵が出るものだ。

中学生のための学習パズル

今月号の問題

マスターワード

「？」に入るアルファベットを推理するパズルです。☆と★１個につき１文字入ります。☆は「？」に入るアルファベットが使われていますが、入る位置が違うことを表しています。★は入る位置も正しく使われています。また、「？」の単語は、BOOKやEVERYのように、同じ文字が含まれていることはありません。

【例】次の？？？に当てはまる３文字の英単語を答えなさい。

？？？

①	CAT	☆☆
②	EAT	☆☆
③	SEA	☆☆
④	USE	★

【解き方】
③と④を比べると、Aが使われていて、Uは使われていないことがわかり、さらに②、③から、Aは１文字目です。
次に、④でSが使われているとすると、Eは使われていないことになり、②からTが使われていることになります。ところが、１文字目はA、２文字目はSになるため、Tの位置が①、②と矛盾します。
よって、④ではEは使われていることになり、②からTが使われていないことになります。
こうして推理を進めていくと？？？は“ACE”ということがわかります。
それでは、この要領で次の問題を考えてみてください。

【問題】次の？？？？？に当てはまる５文字の英単語はなんでしょうか。

？？？？？

①	YOUNG	★★☆
②	HOTEL	★☆☆
③	THING	★☆☆
④	STAGE	★☆
⑤	ALONG	☆☆

※ヒント：①と②から、必ず使われているアルファベット１文字が決まります

10月号学習パズル当選者

全正解者40名

★新田　悠喜さん（東京都西東京市・中３）
★高橋　　慧さん（神奈川県川崎市・中３）
★吉岡憲一郎さん（千葉県千葉市・小６）

応募方法

●必須記入事項

01　クイズの答え
02　住所
03　氏名（フリガナ）
04　学年
05　年齢
06　右のアンケート解答
「大恐竜展」（詳細は81ページ）の招待券をご希望の方は、
「大恐竜展招待券希望」と明記してください。

◎すべての項目にお答えのうえ、ご応募ください。
◎ハガキ・ＦＡＸ・e-mailのいずれかでご応募ください。
◎正解者のなかから抽選で３名の方に図書カードをプレゼントいたします。
◎当選者の発表は本誌2014年2月号誌上の予定です。

●下記のアンケートにお答えください。

A今月号でおもしろかった記事とその理由
B今後、特集してほしい企画
C今後、取り上げてほしい高校など
Dその他、本誌をお読みになっての感想

◆2013年12月15日（当日消印有効）

◆あて先
〒101-0047　東京都千代田区内神田2-4-2
グローバル教育出版　サクセス編集室
FAX：03-5939-6014
e-mail:success15@g-ap.com

挑戦!!

新《に》渡《と》戸《べ》文《ぶん》化《か》高等学校

問題

次の文章は、英語の授業で読んだ英字新聞の記事の一部です。記事を読み、設問に答えなさい。

I read a funny story about a father and his daughter. It was a hot summer day when they went to an AKB concert at the Nihon Budokan. They were big fans of the idol group, especially Maeda Atsuko and Oshima Yuko. When the idols finished singing some songs, they took a short break. The daughter felt hungry, so her father took her to a shop to buy some snacks. They bought two cheese burgers and a large cup of Coke. They got only one Coke because the father didn't like Coke very much. After they started eating the burgers, the father felt thirsty and asked his daughter if he could drink half of the Coke. She said OK and gave him the cup of Coke. He finished the whole cup in one gulp! The girl was very surprised and said, "Why did you drink it all? Half of it was mine!" Then her father smiled and said, "My half was on the bottom." At first, the daughter didn't understand him, but then she got it and said with a smile, "You win."

【注】especially「特に」　break「休憩」　snack「軽食」　Coke「コーラ」
in one gulp「ひと飲みで」　on the bottom「下半分に」

(1) この記事の内容と合っているものにはT，合わないものにはFで答えなさい。

ア　The father and his daughter liked AKB 48 very much.
イ　The father didn't buy Coke because he didn't want to drink anything.
ウ　The daughter had both burgers because her father drank the Coke.
エ　The daughter got angry because her father drank all of the Coke.
オ　The father said sorry to his daughter because he drank all of the Coke.

(2) この記事を読んだ後で、あなたが今までに家族と出かけた時のことを英語で書くことになりました。そのことについて、三つの英文で書き表しなさい。

解答　(1) ア：T　イ：T　ウ：F　エ：T　オ：F　(2)（例）I went to Shinjuku with my family last Sunday. We watched a movie first. Then we enjoyed having pizza for lunch.

- 東京都中野区本町6-38-1
- 地下鉄丸ノ内線「東高円寺駅」徒歩6分、地下鉄丸ノ内線「新中野駅」徒歩8分
- TEL　03-3381-9772
- URL　http://www.nitobebunka.ed.jp/

公開授業

11月24日（日）8:40～13:50

入試説明会

11月24日（日）14:00～15:00
11月30日（土）14:00～15:00
12月７日（土）14:00～15:00
１月６日（月）14:00～15:00

日《ひの》出《で》学《がく》園《えん》高等学校

問題

兄と弟の２人は、A地から1.1㎞離れたB地までを、兄はランニングで２往復、弟はウォーキングで１往復する。２人が同時にA地を出発すると10分後に初めて出会う。また、兄が弟より10分遅れてA地を出発すると、６分後に弟に追いつく。このとき、次の問いに答えなさい。

(1) 兄、弟それぞれの速さは分速何mですか。

(2) ２人が同時にA地を出発したとき、２度目に兄と弟が出会うのは出発してから何分後ですか。また、そこはA地から何mの地点ですか。

(3) ２人が同時にA地を出発したとき、兄がランニングを終えた時刻と、弟がウォーキングを終えた時刻の差は何分何秒ですか。

解答　(1) 兄：分速160m、弟：分速60m　(2) 20分後、A地から1000mの地点　(3) 9分10秒

- 千葉県市川市菅野3-23-1
- 京成線「菅野駅」徒歩5分、JR総武線「市川駅」徒歩15分
- TEL　047-324-0071
- URL　http://www.hinode.ed.jp/

入試説明会

11月16日（土）13:00～

私立高校の入試問題に

淑《しゅく》徳《とく》巣《す》鴨《がも》高等学校

問題

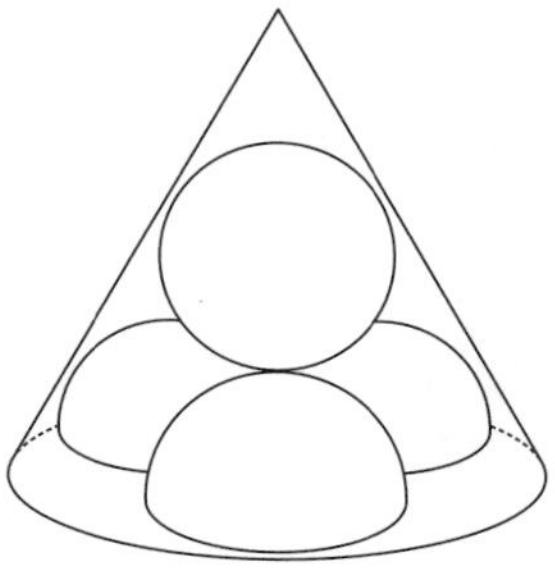

右の図のように3つの半球と1つの球と1つの円すいがある。半球と球の半径は1であり，互いに接している。また，下部の3つの半球は円すいの底面上にあり，円すいの側面に接する。球は円すいの側面に接する。このとき，次の［ア］～［サ］に当てはまる数字を答えなさい。

(1)　3つの半球の中心を結んだときの三角形の面積は$\sqrt{\boxed{ア}}$である。

(2)　3つの半球の中心をO_1，O_2，O_3，球の中心をPとおく。

立体$P-O_1O_2O_3$の体積は $\dfrac{\boxed{イ}\sqrt{\boxed{ウ}}}{\boxed{エ}}$ である。

(3)　円すいの底面の半径と高さの比は $\boxed{オ} : \sqrt{\boxed{カ}}$ であり，

円すいの底面の半径は $\dfrac{\boxed{キ}\sqrt{\boxed{ク}}+\boxed{ケ}\sqrt{\boxed{コ}}}{\boxed{サ}}$ である。

ただし $\boxed{ク}<\boxed{コ}$ とする。

解答　(1) ア：3　(2) イ：2　ウ：2　エ：3　(3) オ：1　カ：2　キ：4　ク：3　ケ：3　コ：6　サ：6

東京都豊島区西巣鴨2-22-16

都営三田線「西巣鴨駅」徒歩3分、都電荒川線「庚申塚駅」徒歩4分、JR埼京線「板橋駅」徒歩10分

TEL　03-3918-6451

URL　http://www.shukusu.ed.jp/

学校説明会

11月23日（土）14:00～15:00

個別相談会

11月16日（土）14:00～16:00
11月30日（土）14:00～16:00
12月 7 日（土）14:00～16:00
12月25日（水）14:00～16:00

富《ふ》士《じ》見《み》丘《がおか》高等学校

問題

あなたはサンタ・クロースです。トミーという7歳の男の子があなたに次のような手紙を書いてきました。手紙を読み、その返事を解答欄に日本語で書きなさい。

> Dear Santa,
> I want nothing this Christmas. I was hoping to get a new computer game, but I have decided to get nothing for Christmas. Because I learned that so many kids are hungry and dying in the world. I'm so sorry for that. My dad said that's because we have wars, diseases and other bad things.
> I want you to stop these things. On Christmas Eve, I will leave under the Christmas tree four dollars and fifty cents, which is all I have. Please help the kids in trouble with the money.
> Thank you.　　Merry Christmas!　　Tommy

解答　(例) 親愛なるトミーへ

お手紙ありがとう。君が世界の困っている子ども達について真剣に考えているのを知って、とても感心しました。君の願いが叶い、すべての子ども達が幸せになるように、私ももっと努力していきましょう。ところで、クリスマスツリーの下の4ドル50セントのお金のことだけれど、困っている子ども達のために活動しているグループに君が直接寄付したり、世界から戦争や病気をなくす方法を君の友達や周囲の大人と話し合って発表するために使ったり、世界の情勢を自分でもっと詳しく調べてみるために本を買ったり、色々活用できそうだね。住みよい世界を作るのは、一人ひとりの行動が大切だ。だから君にも自分から勇気を持って行動してほしい。心優しい君ならきっとできると信じているよ。　　メリークリスマス。

サンタクロースより

東京都渋谷区笹塚3-19-9

京王線・都営新宿線「笹塚駅」徒歩5分

TEL　03-3376-1481

URL　http://www.fujimigaoka.ac.jp/

個人相談会　要予約

11月23日（月・祝）14:00～15:00
（学校説明会13:00～14:00）

入試問題傾向と対策

11月30日（土）14:00～15:00
（説明会13:00～14:00、個人相談会15:00～）
12月 7 日（土）11:00～12:00
（説明会10:00～11:00、個人相談会12:00～）
※個人相談会参加は要予約

お便りコーナー

サクセス広場

学校で流行っていること

昼休みにみんなで**鬼ごっこ**をしています。氷おにとか缶蹴りとかケイドロとか、みんなで走り回ってます。
（中２・鬼さん）

給食のおかわりです。うちのクラスは運動部が多いんで、朝練があるとお腹がすいちゃって。男子だけじゃなくて女子も結構おかわりしてますよ。
（中１・まんぷくさん）

制服のスカートをわざと長くするのが流行ってます。前までは短くしてたけど、だれかがやり始めてからみんな長めに履くようになりました。意外とこっちもかわいいんです。
（中２・ひらりさん）

ペンケースを丸ごと友だちと交換して授業を受けています。なんとなくやる気がでます。
（中２・K・Sさん）

中学生にもなって、なぜかやたらに**ドッヂボール**がはやっています。中１から中３まで、色々なクラスが休み時間になるとグラウンドで戦っています。
（中１・コッチボールさん）

先生にあだ名をつけています。授業がいつもより楽しくなります。悪口のあだ名じゃないですよ！
（中１・S・Sさん）

いま、クラスで**「あっち向いてホイ」**が大ブームです。いかにつまらずに早く続けるかを競う、ちょっと違うゲームになっています。
（中２・A・Hさん）

行ってみたい国

インド！　カレーが大好きなので、インドで本場のカレーを食べてみたいです！
（中２・マハラジャさん）

ブラジルに行きたい！！来年のワールドカップがブラジルで開かれるから！　もしブラジルで観戦できたら夢のよう！
（中１・サッカー小僧さん）

エジプトで古代遺跡を発掘したいな〜。でもミイラとか出てきたら怖いなあ…。
（中３・スフィンクスさん）

イタリアです。サイゼリヤによく行くんですが本場のイタリア料理を食べてみたい！　ミラノ風ドリアって本当にあるんですか？
（中１・T.Mさん）

好きな映画の主人公

やっぱり**ハリー・ポッター**でしょ!!　小さいころのハリーもかわいいし、成長が見られるところが好きです！
（中２・K24さん）

とにかく**スティーブン・セガール**が大好きです。彼の出演しているシリーズはほとんど見てます。自分もあんな屈強な男になりたいです！
（中１・沈黙の要塞さん）

映画版の『ドラえもん』の**のび太とその仲間たち**。映画になるとみんなカッコよくなるから。
（中１・出来なさ過ぎくん）

「魔女の宅急便」のキキ。小さいころからずーっと空を飛びたいんです。
（中１・黒猫のジジさん）

「ダイハード」が好きです。父親が好きでいつのまにか私もハマっていました。**ジョン・マクレーン刑事**のかっこいいようなかっこよくないような、そんなところが好きです。
（中２・M.Sさん）

募集中のテーマ

「小さいころの夢」
「好きなスポーツ選手」
「おもしろいあだ名」

応募〆切 2013年12月15日

必須記入事項

A／テーマ、その理由　B／住所　C／氏名
D／学年　E／ご意見、ご感想など

ハガキ、FAX、メールを下記までどしどしお寄せください!
住所・氏名は正しく書いてください!!
ペンネームは氏名のうしろに( )で書いてネ!
【例】サク山太郎（サクちゃん）

あて先

〒101-0047　東京都千代田区内神田2-4-2
グローバル教育出版　サクセス編集室
FAX:03-5939-6014　e-mail:success15@g-ap.com

ここにメールしてね!!

ケータイから上のQRコードを読み取り、メールすることもできます。

掲載されたかたには抽選で図書カードをお届けします!

掲載にあたり一部文章を整理することもございます。個人情報については、図書カードのお届けにのみ使用し、その他の目的では使用いたしません。

サクセス イベント スケジュール 11月〜12月

世間で注目のイベントを紹介

恐竜　大恐竜展―ゴビ砂漠の驚異

10月26日（土）〜2月23日（日）
国立科学博物館

タルボサウルス　頭骨

［大恐竜展］の招待券を5組10名様にプレゼントします。応募方法は77ページを参照。

モンゴル・ゴビ砂漠発掘の稀少な化石が一堂に集結！

　モンゴルのゴビ砂漠は、世界有数の恐竜化石産地。骨と骨がつながった状態で残っているなど、細部までよく保存された化石が多く発見されている。そんなゴビ砂漠の宝とも言える恐竜の化石を一堂に見ることができる貴重な展示が開催中だ。９割が実物という展示標本のなかには、肉食恐竜タルボサウルスや植物食恐竜サウロロフスの全身骨格に加え、タルボサウルスの赤ちゃんの化石など珍しいものが多いぞ。

アート　印象派を超えて　点描の画家たち ゴッホ、スーラからモンドリアンまで

10月4日（金）〜12月23日（月・祝）
国立新美術館

フィンセント・ファン・ゴッホ《種まく人》1888年 油彩／カンヴァス 64.2×80.3cm クレラー＝ミュラー美術館
© Collection Kröller-Müller Museum, Otterlo, the Netherlands

点描で描かれる美しい色彩の世界

　ジョルジュ・スーラという画家を知っているかな？　一見すると淡く美しい色彩を持つ絵画だが、じつは鮮やかな色の点の集合で描かれている…絵画を線ではなく小さな点で描く点描という技法を追求したことで有名な画家だ。この展覧会では、スーラ、ゴッホ、モンドリアンを中心に、フランス、オランダ、ベルギーの画家たちによる色彩の探求を検証する。絵画の真髄ともいえる色彩の輝きを感じよう。

アート　六本木クロッシング2013展 アウト・オブ・ダウト―来たるべき風景のために

9月21日（土）〜1月13日（月・祝）
森美術館

岩田草平×プロマイノリティ《アディバシの家 原型》2010年 土、竹、藁、ストローベイル、葦、牛糞、微生物ろ過による水の浄化装置、炭 800×900×580 cm

芸術の秋、満喫！ 好奇心を刺激する展覧会

　「六本木クロッシング」は、３年に１度、森美術館が日本のアートシーンを総督する展覧会で、まさに時代を代表する作品に出会える場となっている。今回のテーマは「アウト・オブ・ダウト」。社会的な意識の高まる現在の日本における「疑念＝ダウト」を参加アーティスト29組が作品を通して投げかける。「ダウト？　疑念？」と難しく考えなくても大丈夫。作品を見て、感じたままに心の動きを楽しもう。

イベント　明治のこころ ―モースが見た庶民のくらし―

9月14日（土）〜12月8日（日）
江戸東京博物館

明治の子どもたち
PEM Collection

モース・コレクションから「明治のこころ」を想う

　「大森貝塚」の発見者エドワード・モース。彼は1877年（明治10年）から、３度にわたって日本を訪れている。この展覧会では、日本の庶民の暮らしや心根に魅せられ、いろいろなものを「記録」としてアメリカに持ち帰った「モース・コレクション」を紹介。320点の生活道具や陶器などの展示品から、失われた明治の日常に思いを馳せてみよう。モース自身の日記やスケッチなども紹介されているよ。

～サクセス18のご紹介～

サクセス18は早稲田アカデミーが創った現役生難関大受験専門塾です。

東京大学［理科Ⅰ類］合格

早稲田大学［先進理工学部］

石川 晃寛（国立筑波大附属駒場高校）

僕の早稲アカ記

僕が、サクセス18に通い始めたのは高2の春でした。理由は、中学校1年生から3年生まで早稲田アカデミーに在籍していて、独特の雰囲気に慣れ親しんでいたからです。実際に授業を受けてみると、先生の厳しく時には優しい指導や共に授業を受ける仲間と競い合いながら切磋琢磨していく早稲アカならではの雰囲気にどこか懐かしさを覚えたのでした。通っていく中で気づいた早稲アカの良さは、まず、先生の授業内容です。体系づけられた知識をどの教科の先生も丁寧に教えてくれたので、頭の中で整理された知識が身に付きました。それによって培われた基礎は受験への大きな武器になったと思います。もう一つの良さは、やはり仲間の存在です。早稲アカでは学期ごとのシニアテストや、クラス選抜テストなど仲間との競争意識を刺激する機会が多くあり、負けず嫌いの僕としてはそれだけで勉強への意欲が増したように思います。特に、受験直前の東大必勝模試では仲間の中での自分の位置が分かるというのは時には大きな自信、時には努力への契機へとつながりました。そんな多くの人との出会いへと導いてくれた早稲アカによって、この度僕は念願の志望校に合格することができました。本当に早稲アカに通っていてよかったです。ありがとうございました。

東京大学［理科Ⅰ類］合格

慶應義塾大学［理工学部］、早稲田大学［先進理工学部］、上智大学［理工学部］、東京理科大学［理学部］

村松 美夏（国立学芸大附属高校）

早稲アカでよかった!!

私が早稲アカに入ったのは始めは家から近い、というのが動機でした。しかし、入ってみると家から近い以上に早稲アカを選ぶ理由があったことが分かりました。先生たちは話しやすい方ばかりで、授業もちょうどいい人数で、分からないところもその場で聞くことが出来る、目の届きやすい塾だと思います。普段から「調子はどう?」などの声かけもしてくれて頑張るぞ!という気がどんどん湧いてきました。早稲アカはイベントも多く、夏合宿と冬の東大合宿では周りの皆のレベルが高くてこのままではダメだ、という危機感を持つと共に目標が身近に出来ました。直前期の東大テストゼミでは、4週間連続で本番と同じ時間感覚を養ったり、試験問題の中から解けそうなものを吟味する力をつけたりできました。ですが、私は吟味が上手くできず数学でありえない点数を取って不安になったのですが、東大では総合点勝負なので他でカバーできればいい、と開き直ることを学んだことが大きく、本番でも大失敗をしたのですが、総合点勝負だと開き直ることで合格への道が開けたような気がします。失敗してもすぐ切り替えることが大切だと思います。最後になりましたが、今まで支えてくれた両親、先生たち、友人たちにこの場を借りて感謝します。本当にありがとうございました。

早稲田大学［創造理工学部］合格

早稲田大学［商学部］、慶應義塾大学［経済学部・総合政策学部］、上智大学［理工学部］、青山学院大学［理工学部］、法政大学［理工学部］

五井 友梨奈（私立鷗友学園女子高校）

受験で学び後輩にアドバイスしたいこと

理系、文系に関係なくまず英語が重要になってくると思います。文系は言わずもがなですが、理系も英語があまり出来ないで合格するのは難しいと感じました。しかし、高三になると数学と理科を勉強するのに手一杯となり、英語に割ける時間はとても少なくなるので高三になる前に英語は仕上げるのが理想的だと思いました。また受験期に安定して勉強する為には高一、高二での断続した勉強が必要だと思います。定期テストの一、二週間前だけでも良いので赤点とらなければいいやなどの姿勢ではなく、しっかりと勉強すべきです。高三の冬の最後から受験が始まるまでの期間なんとなく勉強に手がつかなくなるときがありました。高三になると皆勉強するので偏差値はあまり伸びないし、そうすると精神的にきつくなってくると思います。あとは全教科をバランスよく並行して勉強することも大切です。自分の苦手な教科や範囲を把握してそこを重点的に勉強し、また他教科にも手をつけておく必要があるのできちんと考えて勉強した方が良いと思います。上記三つのことを書きましたがあくまで私的な意見のため、参考程度にしてください。最後に数学についてとにかく難しい問題でなくていいから解きまくることが良いと感じました。私は青チャートを解きまくってるときが一番力がついたと思います。しかし、難しい問題をじっくり自分だけで根元から理解することも必要だと思うのでそれもバランスをとって勉強することをオススメします。

慶應義塾大学［薬学部］合格

東京理科大学［薬学部］、星薬科大学［薬学部］、北里大学［薬学部］

渡部 佑樹（私立日本大学第二高校）

刺激を得られる環境

入塾した高2の頃は、偏差値は高いものではなく一番基礎のクラスからのスタートでした。慶應など本当に合格できるのかと不安になることもありましたが、今振り返ると、ある程度楽観的になって「大丈夫だろう」と考えるのも大事なことだなと思います。ただ、高3になって自信が持てるほどの成績を取れるようになって余裕が出てきた時には、化学の先生に「結果が全てだぞ」と言われ、また自分の気持ちを改めて引き締めることができました。このような、普段は優しい先生方からの厳しい言葉も自分の力の原点となっています。また、直前期には数学がなかなか上手くいかないようになった時も、解決策を教えて頂いたり、「自分の実力を信じろ」というアドバイスを頂いたりしたので、安心して受験に立ち向かうことができました。受験勉強を開始してからの間、意識の高い友人と協力し合ったり、信頼できるアシストや先生方からのアドバイスを受けたりと充実した日々を送ることができ悔いなく受験を終えることができました。そのような勉強以外でも刺激を受けられる環境で油断なく学習に取り組めたことが合格につながったと思います。本当にありがとうございました。

中3 この冬、思考力を徹底的に鍛えるために TopwiN 冬期準備講座

東大への数学α	東大への英語
三角比と三角関数	時　制
東大への数学β	**東大への国語**
数Ⅰまでの計算分野総復習	『テーマの背景』に肉薄する

東大を目指す中高一貫校在籍の中学生のために、夏期に続き冬期にも「東大への英語・数学・国語」を開設します。中学受験の延長でひたすら「詰め込み学習」を行っていても、その先に東大合格は見えてきません。中3の今、君たちがやるべきことは「東大が求める抽象思考の技術」を学び取ることです。初見の問題でもしなやかに対応できる思考力の基礎を構築しておくことで、今後の学習における取り組み方が変わるはずです。この講座で英・数・国の思考力を徹底的に鍛えあげ、冬期講習会に備えましょう。

12/16(月)▶18(水)　12/19(木)▶21(土)

1講座 3,000円／90分×3日間　■時間：13：00～14：30、14：45～16：15　■会場：サクセス18池袋校、サクセス18渋谷校、サクセス18御茶ノ水校

日本全国から東大模試A判定や学年トップの超絶優秀生が集結する東大サミット合宿

高3対象 東大 合格必勝 合宿

現役高3生 150名限定募集!!

12/26(木)▶30(月)（4泊5日）

料金　一般生：91,800円　塾生：81,800円

会場　都市センターホテル（永田町）

本気、現役合格 早稲田アカデミー　現役生難関大受験専門塾サクセスエイティーン SUCCESS18

教務部高校課

☎03(5954)3581(代)

早稲田アカデミー　検索

「高校生コース」をクリック!

http://www.waseda-ac.co.jp

池袋校
御茶ノ水校
渋谷校
大泉学園校
荻窪校
国分寺校
調布校
新百合ヶ丘校
宮崎台校
大宮校
所沢校
志木校

高1～高3（中1～中3 中高一貫校在籍）新入塾生受付中!

医歯薬専門予備校43年の伝統と実績

医学部完全合格64名!!

子で聞く
医学部現役合格セミナー　無料　11/23(祝)

願直前
個別入試相談会　完全予約制　無料　12/7(土)・8(日)

17日間250時間超　医学部逆転合格！
都内ホテル合宿　高3対象

冬期講習会　受付中　高1～高3

早稲田アカデミー教育グループ
医歯薬専門予備校
野田クルゼ
〈御茶ノ水〉

資料請求・お問い合わせ・各種お申し込みはお気軽にこちらへ

現役校　Tel 03-3233-6911(代)　Fax 03-3233-6922　受付時間 13:00～22:00

本　校　Tel 03-3233-7311(代)　Fax 03-3233-7312　受付時間 9:00～18:00

野田クルゼの最新情報はホームページでもご確認いただけます。　野田クルゼ　検索

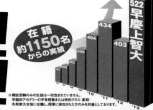

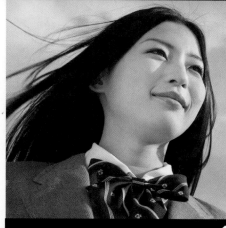

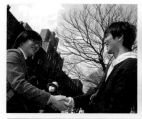

“個別指導”だからできること × “早稲アカ”だからできること

- 難関校にも対応できる
- 弱点を集中的に学習できる
- 最終授業が20時から受けられる
- 早稲アカのカリキュラムで学習できる

広がる早稲田アカデミー個別指導ネットワーク

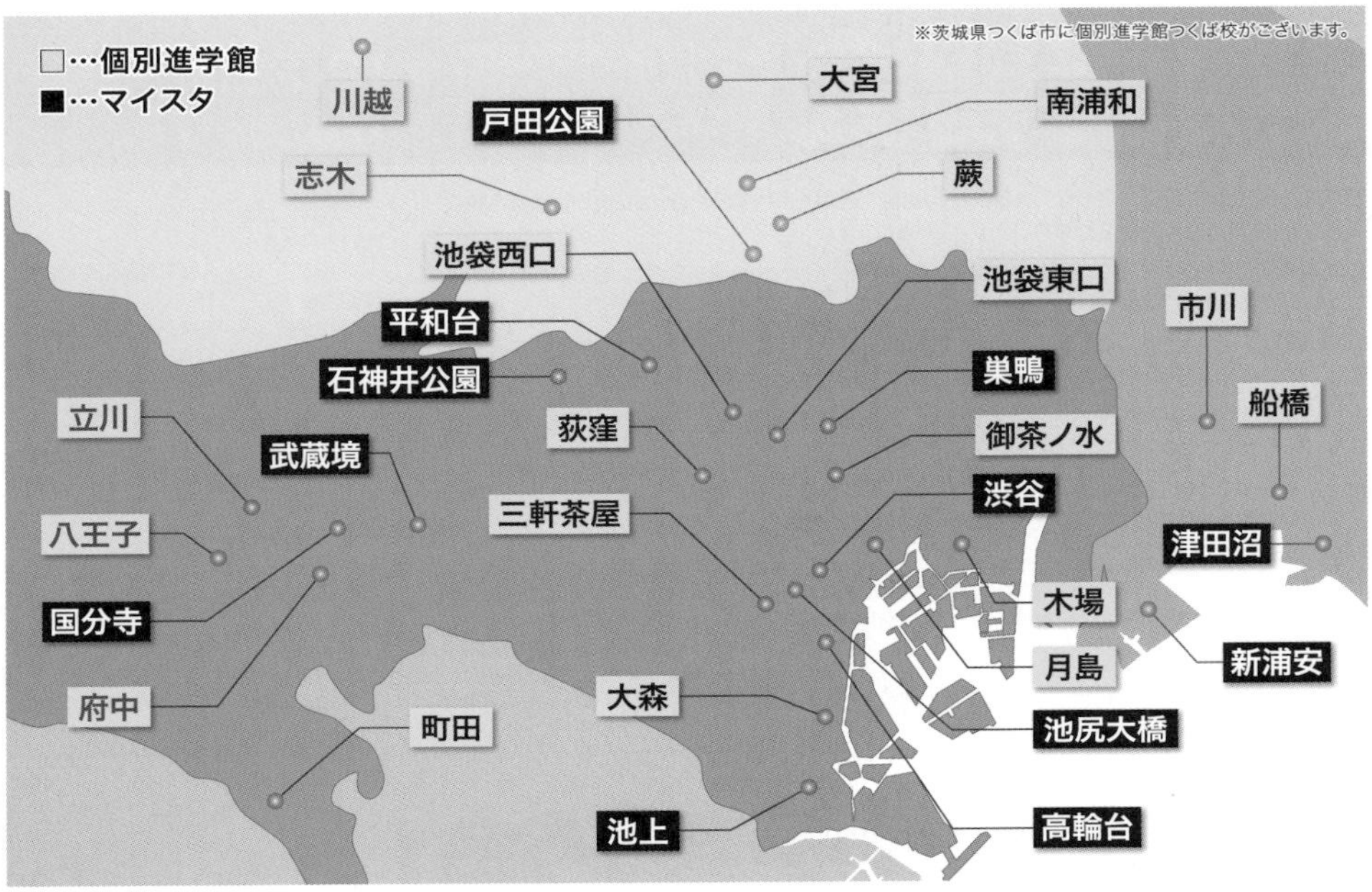

マイスタは2001年に池尻大橋教室・戸田公園教室の2校でスタートし、個別進学館は2010年の志木校の1校でスタートした、早稲田アカデミーの個別指導ブランドです。お子様の状況に応じて受講時間・受講科目が選べます。また、早稲田アカデミーの個別指導なので、集団授業と同内容を個別指導で受講することができます。マイスタは1授業80分で1:1または1:2の指導形式です。個別進学館は1授業90分で指導形式は1:2となっています。カリキュラムなどはお子様の学習状況、志望校などにより異なってきます。お気軽にお近くの教室・校舎にお問い合わせください。

悩んでいます… 中1

本格的な部活動に取り組んでいて、近くの早稲アカに通いたいのにどうしても曜日が合いません。

解決します!

週1日からでも、英語・数学を中心に、早稲アカのカリキュラムに完全に準拠した形での学習が可能です。早稲アカに通う中1生と同じテストも受験できるので、成績の動向を正確に把握したり、競争意識を高められるのも大きな魅力です。

悩んでいます… 中2

都立高校を志望しています。内申点を上げたいので、定期テスト対策を重点的にやって欲しい。

解決します!

個別指導では学校の教科書に準拠した学習指導も可能です。授業すべてを学校対策にすることもできますし、普段は受験用のカリキュラムで学習をすすめ、テスト前だけは学校の対策という柔軟な対応も可能です。

悩んでいます… 中3

受験直前期、過去問の徹底的なやり直しといわれても、効果的な方法で出来るか心配です。

解決します!

合格のために必ず克服しなければならない問題を個別にピックアップして類題を集中特訓。

質問もその場で対応。早稲田アカデミーの個別指導の対応にご期待下さい。

Back Number

サクセス15 バックナンバー 好評発売中!

2013 11月号
教えて大学博士!
なりたい職業から学部を考える
学校カフェテリアへようこそ
SCHOOL EXPRESS
慶應義塾志木
Focus on
千葉県立東葛飾

2013 10月号
模試を有効活用して
合格を勝ち取る!
中1・中2 英・国・数
SCHOOL EXPRESS
桐朋
Focus on
神奈川県立川和

2013 9月号
SSHの魅力に迫る!
東京歴史探訪
SCHOOL EXPRESS
法政大学第二
Focus on
東京都立立川

2013 8月号
現役高校生に聞いた!
中3の夏休みの過ごし方
自由研究のススメ
SCHOOL EXPRESS
中央大学附属
Focus on
埼玉県立浦和

2013 7月号
学校を選ぼう
共学校・男子校・女子校のよさを教えます!
使ってナットク文房具
SCHOOL EXPRESS
栄東
Focus on
神奈川県立横浜翠嵐

2013 6月号
今年出た! 高校入試の
記述問題にチャレンジ
図書館で勉強しよう
SCHOOL EXPRESS
青山学院高等部
Focus on
東京都立国立

2013 5月号
難関校に合格した
先輩たちの金言
英語で読書
SCHOOL EXPRESS
山手学院
Focus on
東京都立戸山

2013 4月号
早大生、慶大生に聞いた
早稲田大学・慶應義塾大学
学校クイズ
SCHOOL EXPRESS
東邦大学付属東邦
Focus on
千葉市立千葉

2013 3月号
みんなの視野が広がる!
海外修学旅行特集
部屋を片づけ、頭もスッキリ
早稲田実業学校
Focus on
東京都立日比谷

2013 2月号
これで安心
受験直前マニュアル
知っておきたい2013こんな年!
城北埼玉
Focus on
神奈川県立横浜緑ヶ丘

2013 1月号
冬休みにやろう!
過去問活用術
お守りに関する深イイ話
中央大学
Focus on
埼玉県立越谷北

2012 12月号
大学キャンパスツアー特集
憧れの大学を見に行こう!
高校生になったら留学しよう
SCHOOL EXPRESS
筑波大学附属駒場
Focus on
東京都立青山

2012 11月号
効果的に憶えるための
9つのアドバイス
特色ある学校行事
SCHOOL EXPRESS
成城
Focus on
神奈川県立柏陽

2012 10月号
専門学科で深く学ぼう
数学オリンピックに
挑戦!!
SCHOOL EXPRESS
日本大学第二
Focus on
東京都立両国

2012 9月号
まだ間に合うぞ!!
本気の2学期!!
都県別運動部強豪校!!
SCHOOL EXPRESS
巣鴨
Focus on
千葉県立佐倉

2012 8月号
夏にまとめて理科と社会
入試によく出る
著者別読書案内
SCHOOL EXPRESS
國學院大學久我山
Focus on
東京都立西

2012 7月号
高校入試の疑問点15
熱いぜ! 体育祭!
SCHOOL EXPRESS
開智
Focus on
神奈川県立湘南

How to order バックナンバーのお求めは

バックナンバーのご注文は電話・FAX・ホームページにてお受けしております。詳しくは88ページの「information」をご覧ください。

これより前のバックナンバーはホームページでご覧いただけます (http://success.waseda-ac.net/)

＜コーナー名＞

＜本文中記事＞

編集後記

私がサクセス編集室の仕事に異動してから2カ月が経とうとしています。今回初めて生徒にインタビューを行いました。中学3年生の女の子3人です。初めて会う人から話を引き出すのはとても難しいですが、自分とは違う世界を持つ人たちと話をするのは楽しいものです。自分の知識が増えて、新しい発見もあります。

みなさんには、これから高校・大学・就職と新しい世界がたくさん待っていますね。大変なことやつらいことがあるかもしれませんが、新しい出会いや楽しいこともたくさんあると思います。色々なことにチャレンジして、自分の世界を広げていきましょう。私もみなさんに負けないように頑張ります。　（S）

Information

『サクセス15』は全国の書店にてお買い求めいただけますが、万が一、書店店頭に見当たらない場合は、書店にてご注文いただくか、弊社販売部、もしくはホームページ（下記）よりご注文ください。送料弊社負担にてお送りします。

定期購読をご希望いただく場合も、上記と同様の方法でご連絡ください。

Opinion, Impression & etc

本誌をお読みになられてのご感想・ご意見・ご提言などがありましたら、ぜひ当編集室までお声をお寄せください。また、「こんな記事が読みたい」というご要望や、「こういうときはどうしたらいいの」といったご質問などもお待ちしております。今後の参考にさせていただきますので、よろしくお願いいたします。

サクセス編集室

TEL 03-5939-7928
FAX 03-5939-6014

高校受験ガイドブック2013 12 サクセス15

発行　2013年11月15日　初版第一刷発行
発行所　株式会社グローバル教育出版
〒101-0047 東京都千代田区内神田2-4-2
TEL　03-3253-5944
FAX　03-3253-5945
http://success.waseda-ac.net
e-mail　success15@g-ap.com
郵便振替　00130-3-779535
編集　サクセス編集室
編集協力　株式会社 早稲田アカデミー

Success15

12月号

Next Issue

1月号は…

Special 1

冬休みの勉強法
ケアレスミスをなくそう

Special 2

直前期のカゼ対策

School Express

早稲田大学本庄高等学院

Focus on 公立高校

埼玉県立大宮高等学校